연애신학

연애 신학

하나님 나라를 꿈꾸는 연인을 위한 지침서

© 권율

초판 1쇄 발행 | 2020년 07월 20일
초판 8쇄 발행 | 2024년 09월 10일

지은이 | 권율
발행인 | 강영란
편집 | 강혜미, 권지연
디자인 | 트리니티
마케팅 및 경영지원 | 이진호

펴낸곳 | 샘솟는기쁨
주소 | 서울시 충무로 3가 59-9 예림빌딩 402호
전화 | 대표 (02)517-2045
팩스 | (02)517-5125(주문)
이메일 | atfeel@hanmail.net

홈페이지 | https//blog.naver.com/feelwithcom
페이스북 | https//www.facebook.com/publisherjoy
출판등록 | 2006년 7월 8일

ISBN 979-11-89303-29-7(03190)

이 도서의 국립중앙도서관 출판예정도서목록(CIP)은
서지정보유통지원시스템 홈페이지(http://seoji.nl.go.kr)와
국가자료종합목록 구축시스템(http://kolis-net.nl.go.kr)에서
이용하실 수 있습니다. (CIP제어번호 : CIP2020028558)

하나님 나라를
꿈꾸는 연인을 위한
지침서

연애
신학

The partial
shadow of
marriage

권율 지음

샘솟는기쁨

타협 없는 연애관

저자는 성경을 최고의 연애 교과서로 규정한다. 그 성경에 기초하여 '연애 신학'을 정립하고 있다. 성경은 주님과 교회의 연애와 결혼 이야기이다. 주님과 교회 사이의 거룩한 '밀당'은 인기 드라마를 방불케 하는 긴장과 희락과 감동과 격정과 눈물과 아픔을 제공하기에 성경은 최고의 연애 지침서이다. 이런 확신에 근거하여 저자는 아주 보수적인 연애관을 설파한다. 교회 안에 스며들어 있는 세속적인 연애관과 결혼관을 단호히 거부하고, 기독교적 연애관의 대단히 과감한 입장을 고수한다.

저자는 이론만 끄적거리지 않고 직접 살아낸 인생의 문서화를 시도한다. 저자의 삶이라는 유기체에 촘촘히 물든 의미를 문장으로 끄집어낸 수기(手記)와 같아서 독서감이 촉촉하다. 저자의 깊은 묵상이 빚어낸 독창적인 사고들이 각 장마다 선물처럼 박혀 있어 그것을 발굴하는 재미도 쏠쏠하다. 성도의 연애와 결혼이 세상과 어떻게 달라야 하는지에 대해 이 책은 일절의 타협도 없는 입장을 성경에 근거하여 표명한다. 연애와 결혼이 성경에 기초하고 하나님의 영광을 추구한다고 믿는 독자들에게 기쁨으로 이 책을 추천한다.

한병수 교수 | 전주대학교 교의학

독특하고 진솔한 연애관

이 책은 여러 가지 면에서 독특하고 진솔합니다. 저자가 연애 시절에 썼던 편지를 그대로 공개한다거나, 현재 결혼생활 중에 본인의 실패담을 책의 재료로 적절히 활용하는 면이 그렇습니다. 연애라고 하면 흔히 세속적인 개념부터 떠올리는데, 그것이 하나님 나라와 그분의 비전에 맞춰질 때 정말 아름답고 거룩한 수단이 됨을 잘 풀어내고 있습니다.

더욱이 이 책은 연애와 결혼에만 머무르지 않고 그것들이 결국 하나님 사랑으로 이어지도록 우리에게 계속 도전하고 있습니다. 바로 이 부분이 이 책의 가장 큰 장점이라고 생각합니다. 하나님을 사랑하고 싶은데 어떤 방식으로 사랑해야 하는지, 또 우리를 향한 그분의 사랑이 어떠한지를 저자는 생생한 언어로 들려주고 있습니다. 주님 안에서 연애 중인 청년들은 꼭 읽어야 하는 지침서로 추천하고 싶습니다.

앞으로 권율 목사를 통해 일어날 하나님의 역사를 기대해 봅니다. 젊은 사역자의 거룩한 열정과 하나님 나라를 갈망하는 그의 마음이 한국 교회의 청년들과 성도들에게 깊이 공유되기를 바랍니다. 이 책이 바로 그런 일에 쓰임 받기를 소망해 봅니다. 모두에게 일독을 권합니다.

이찬수 목사 | 분당우리교회 담임

신학이 있는 연애관

권율 목사님은 제가 여러 차례 설교를 들으면서, 또 선교훈련 프로그램을 통해서 많이 알게 되었습니다. 어느 날 목사님이 연애 관련 책을 쓴다고 해서 사실 좀 의외였습니다. 하지만 이 책의 원고를 받고 단숨에 읽었습니다. 연애 시절에 붙잡고 씨름했던 저의 고민들이 책을 읽는 내내 떠올랐습니다. 그 고민들이 지금 중년의 나이가 되어 어떻게 연결되고 있는지 돌아볼 수 있었습니다. 또한 주님을 사랑한다는 것이 무엇인지 다시 생각할 수 있었습니다.

이 책은 제목처럼 연애라는 삶의 주제에 대한 신학적인 답변입니다. 하나님을 사랑하고픈 성도가 연애 시절을 어떻게 보낼지에 대해 좋은 방향을 설정해 주고 있습니다. 남녀의 사랑에 관해 성경이 던지는 주제를, 여러 질문과 답변을 통해 다양한 방향에서 짚어 주고 있습니다. 게다가 청년들을 지도하는 목사님의 사역 현장이 책의 내용을 더욱 풍성하게 만듭니다.

요즘은 신학적인 질문보다는 각자의 소견대로 행동하는 시대입니다. 이런 혼란의 시대에 청년들이 이 책을 통해 주님께로 돌이켜 진정한 사랑과 연애, 그리고 결혼과 가정을 경험하게 되기를 바랍니다. 의사로서 모든 크리스천 연인들에게 이 책을 추천합니다.

이효진 원장 | 부산 세계로병원

무릎을 치게 한 연애관

이 책을 읽으면서 『기다리다 죽겠어요』를 썼던 그 시절이 생각났다. 결혼을 기다리는 게 죽을 것처럼 절박한 시절이 있었는데 벌써 결혼한 지 5년이 지났다. 지금 그 시절의 나를 돌아보면 마냥 웃기기도 하고, 뭐가 그리 절박했을까, 싶은 생각도 든다.

권율 목사님의 『연애 신학』은 내 머릿속에 있던 생각들을 '신학' 혹은 '이론'의 형태로 정리해준 책이다. 읽으면서 참 많은 부분이 공감되었는데 특히 사랑은 감정이 아니라 결단이라는 대목에서 무릎을 쳤다. 그 말씀을 오롯이 내가 결혼하면서 경험했기 때문이다. 사랑에는 의지적인 측면이 가장 중요시되지만, 그럼에도 상대방을 보면 설레고 좋은 사랑의 감정적인 측면이 함께 어우러져야 한다는 저자의 생각에 전적으로 동의한다.

성경적 원리와 다양한 예들로 잘 정리된 이 책을 읽고 나면 어떻게 살아야 하고, 결혼을 어떻게 준비해야 하는지 맥락이 잡힌다. 또 각 장마다 나눔과 적용을 위한 질문들이 있어 자기 생각을 정리해 볼 수 있다. 아름다운 싱글의 시간은 다시 오지 않는다. 싱글일 때 최선을 다해 하나님을 찾고, 또 배우자를 찾는 데 이 책이 귀하게 활용되기를 바란다.

이애경 작가 | 『기다리다 죽겠어요』 저자

연애의 원리,
성경에서 깨달았습니다

연애 시절에 저는 놀림을 자주 받았습니다. 무슨 연애를 그렇게 하
냐고 말입니다. 요즘에 그런 연애는 통하지 않는다는 것입니다. 아무리
교회 다니는 자매라고 해도 연애는 연애다워야 한다는 말을 수없이 들
었습니다.

하지만 그들이 놀리는 그 연애는 저의 일상을 움직이는 이유였습니
다. 사랑하는 그녀와 함께 하나님 나라를 꿈꾸며, 이를 위해 결혼을 준
비하려는 연애였기 때문입니다. 서로를 바라보는 연애보다는 둘이 함
께 같은 방향을 바라보는 연애이고 싶었습니다. 하나님 나라와 교회를
위하는 연애를 함께하고 싶었습니다.

소위 '연애 세포'는 꽝이었지만, 결혼은 또래에 비해 무척 일찍 했습
니다. 학부를 졸업하기도 전에 양가의 축복을 받으며 성대한(?) 결혼식

을 올렸습니다. 결혼한 채로 남은 학부생활을 마쳤고, 그 후로 지금까지 사역자의 길을 걸어왔습니다.

연애 시절에 최고의 연애 교과서는 성경이었습니다. 성경 외에 다른 책들도 틈틈이 읽었습니다. 이 책에도 신학 서적뿐 아니라 인문학, 상담학, 심리학 등에서 자주 인용됩니다. 하지만 연애의 본질과 그 지향점은 성경에만 있었습니다. 결혼과 관련된 성경 본문에서 연애의 원리들을 추출하여 깨달을 수 있었습니다.

이 책은 하나님 나라를 꿈꾸는 연인들을 위한 지침서입니다. 우리의 연애와 결혼은 이미 임한 하나님 나라의 일상이고, 장차 완성될 하나님 나라를 바라보고 있습니다. 연애의 모든 순간이 하나님 나라와 맞닿아 있기 때문에, 적어도 하나님 나라의 맥락에서 연애가 이해되어야 합니다. 연애는 물론 성도의 모든 일상이 장차 임할 그 나라에 초점이 맞춰져야 합니다.

크리스천 청년에게 연애야말로 세상과 다른 존재임을 확실히 보여줄 수 있는 최고의 영역입니다. 하나님은 청년들의 연애를 통해 당신이 어떤 분이신지 증거되기를 바라십니다. 그들의 근원적인 욕구와 직결되어 있는 연애 문제에서 하나님의 통치를 기꺼이 받으려는 연인들을 찾고 계십니다. 가장 양보하기 싫은 연애의 영역을 당신의 주권에 내어 드리려는 커플을 기다리고 계십니다.

그러한 커플에게 이 책은 실제적인 지침서입니다. 먼저 연애와 결혼이 서로 무엇이 비슷하고 무엇이 다른지를 살피고, 사랑의 본질과 개념을 성경 본문에 근거하여 정립할 것입니다. 연애를 위한 원리들을 성경과 교리에 근거하여 제시하고, 하나님을 사랑하는 것과 연인을 사랑하는 것이 분리될 수 없음을 치밀하게 논증할 것입니다. 또한 불타는 커플들의 스킨십이나 사랑의 증상에 대해 다루고, 연애와 관련된 교회의 현실과 실제 사례를 살펴볼 것입니다. 연애는 결국 결혼과 이어지는 준비 단계여서, 이 책이 비록 '연애 신학'이지만 결혼과 결혼생활이 무엇인지 간략하게 다룬 후에 마무리할 것입니다.

특히 교회 사역자들이 이 책을 적절히 활용하기를 기대합니다. 연애 문제와 함께 신앙생활의 원리를 동시에 접할 수 있습니다. 특히 우리가 하나님을 어떤 방식으로 사랑해야 하는지, 또 우리를 향한 그분의 사랑이 어떠한지를 이 책이 자세하게 다루고 있습니다. 청년들의 연애 지도는 물론 교인들의 경건생활에도 큰 유익이 되리라 확신합니다. 더욱이 소그룹 모임에 활용할 수 있도록 각 장마다 '나눔과 적용을 위한 질문'이 있습니다.

마지막으로, 많은 분들에게 감사의 마음을 전합니다. 저의 강의 내용을 책으로 출간한 샘솟는기쁨 강영란 대표님께 진심으로 감사드립니다. 이 책의 원고를 읽고 추천사를 써 주신 전주대학교 한병수 교수님, 분당우리교회 이찬수 목사님, 부산 세계로병원 이효진 원장님께 감사를 드리고, 또 집필활동으로 바쁜 가운데 기꺼이 추천사를 써 주신 이애경 작가님께도 감사의 말씀을 드립니다.

평소에 제 설교의 청중이자 동역자인 부곡중앙교회 청년들과 세계로병원 직원들에게도 감사의 마음을 전하고, 원고를 읽고 진솔한 코멘트를 보내준 김설 자매에게도 감사를 표합니다. 끝으로, 하나님이 짝지

어 주신 인생의 동반자이자 사랑하는 아내 손미애 사모에게 이 책을 헌
정합니다. 모든 영광을 하나님께 돌려 드립니다!

주후 2020년 6월

권율 목사

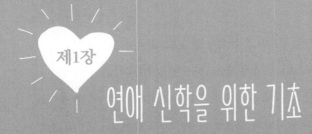

제1장

연애 신학을 위한 기초

유별난 연애편지

미애 씨, 이제 슬슬 결론으로 들어가 볼게요. 내용이 길어서 읽는다고 힘들었죠? 조금만 더 힘내 주세요. 전에도 말했듯이, 제가 연애하는 목적은 사랑이나 결혼이 아닙니다. "그런즉 너희가 먹든지 마시든지 무엇을 하든지 다 하나님의 영광을 위하여 하라"(고전 10:31)는 이 말씀에 연애도 예외가 아니라고 생각합니다. 우리가 하나님의 영광을 위하는 일은 '하나님 나라를 증거하는 것'이라고 확신합니다.

미애 씨를 좋아하게 된 가장 큰 이유가 있습니다. 말씀에 아주 민감하게 반응하는 미애 씨와 함께 하나님 나라에 동참하고 싶은 간절함 때문입니다. 죄송한 말이지만, 미애 씨의 큰 키와 뛰어난 미모는 미애 씨를 좀 더 좋아하게 하는 '촉매제'일지는 몰라도, 그것들이 좋아하는 이유 자체가 아님을 말씀드립니다.

저는 어느 순간에 결단하게 되었습니다. 미애 씨를 사랑하고 싶다고 말입니다. 이 말이 이제 이해되세요? 아직 이해가 안 되면 이 편지를 여러 번 읽어 보세요. 사랑은 저절로 주어지는 어떤 감정의 형식이 결코 아닙니다. 그런 사랑 따위는 하고 싶지 않습니다. 그렇게 해서 저절로 생긴 사랑(?)의 '감정'은 언젠가 변질됩니다. 예를 들어, 감정의 흥분 상태가 처음에 못 미쳐서 오는 실망감 따위로 말입니다.

그 후에는 또 다시 고민하게 되겠지요. '이 사람을 향한 사랑이 식은 것일까?' 아니면 '이 사람을 사랑하는 마음이 이제 안 생기는데 계속 교제할 필요가 있을까?' 하고 말입니다. 이 말들을 곰곰이 살펴보면, 사랑을 일종의 '감정'으로 폄하하고 있습니다.

감정은 식거나 생기지 않을 수 있습니다. 그러나 사랑은 그렇지 않습니다. 사랑은 그렇게 하겠노라는 결단이자 확신입니다. 그러면 감정의 흥분 상태는 언젠가 따라오게 됩니다. 하지만 그렇게 해서 생긴 감정도 얼마 가지 못합니다. 비록 사랑의 결과로 생긴 것이지만 감정은 감정이니까요. 이 말을 못 믿겠다면 결혼한 분들에게 물어 보세요. 처음에 사랑해서 느꼈던 감정들이 지금도 여전히 지속되고 있는지를.

중요한 것은 감정의 짜릿함이 가라앉아도 사랑하는 데는 전혀 문제가 없다는 사실입니다.

미애 씨, 미안한 말이지만 아직 저도 미애 씨처럼 그런 감정이 들지 않습니다. 사춘기 때처럼 감정의 절정을 느끼며 미애 씨를 하루라도 안 보면 안 되는 그런 상태는 더욱 아닙니다.

이렇게 말하니까 미애 씨를 사랑하지 않는 것처럼 느껴진다고요? 아직도 그렇게 생각한다면 미애 씨한테 좀 실망해야겠습니다.

저는 미애 씨를 사랑하겠노라고 결단하며 실행하는 중입니다. 그 이유는 간단합니다. 하나님 나라를 위해 진심으로 함께 하고픈 귀한 동역자로 확신하기 때문입니다. 정말 열심히 미애 씨와 함께 성경을 공부하고 싶고, 또 신앙의 문제들로 같이 고민하며 교제를 이어가고 싶습니다. 또한 감정의 짜릿함도 경험할 것을 기대하며 풍성한 관계를 지속하고 싶다는 것이 저의 마음이요 고백입니다.

하나님의 영광을 위해 미애 씨와 교제를 이어가다가, 만일 하나님의 이끄심이 있다면 그 결과로 결혼이라는 '선물'이 주어질 거라고 봐요. 그래서 결과에 집착하지 않기로 했습니다. 결과에 집착하다 보면, 하나님이 현재 우리에게 무엇을 원하시는지 놓칠 수 있기 때문입니다. 결과는 하나님께 온전히 맡기고, 그저 하루하루 미애 씨와 함께 그분의 은혜를 체험하려고 노력할 뿐입니다. (후략)

이 글은 16년 전에 썼던 '연애편지'의 일부입니다. 글에 나오는 미애 씨가 현재 저의 아내입니다. 사실 이 책의 원고를 쓰다가 우연찮게 발견했습니다. 믿기 어려우시겠지만, 이 편지는 2004년 6월 18일 금요일 오전 7시 18분부터 오후 1시 16분까지 거의 '6시간 동안' 썼습니다. 그래서 편지 글이 어마어마하게(?) 깁니다. 당시 20대 중반이었습니다.

지금 읽어 봐도 이 편지는 한 편의 설교나 강의 같습니다. 그때 무슨 생각으로 저렇게 썼나 싶을 정도로 제 자신이 낯설기도 합니다. 만일 지금 다시 쓰라고 하면 저 정도의 영적 단호함이나 패기를 발휘할 수 있을

지 잘 모르겠습니다. 아내에게 이 편지를 보여 주니까 피식 웃기만 합니다. 자기가 그렇게 좋아서 놓치고 싶지 않았냐고 은근히 놀립니다.

제가 생각해도 20대 중반의 제 모습과 사고가 정말 독특했던 것 같습니다. 그녀를 만나서 영화관이라는 데를 처음 가 보고, 또 얼마나 '연애 세포'가 꽝인지 그녀를 통해 매 순간 깨닫게 되었습니다. 여느 대학생들처럼 짜릿한(?) 데이트를 해 본 적도 없고, 여자들이 무엇을 좋아하고 무엇을 원하는지 거의 몰랐던 것 같습니다. 연애 당시 아내가 자주 하던 말이 있었습니다. 이제껏 만났던 남자들 중에서 당신 같은 사람을 처음 봤다고 말입니다.

지금 생각해 보면 '실전 연애'에 탁월했던 그녀가 당시에 무척 답답해했을 것 같습니다. 그럼에도 저 같은 남자와 기상천외한(?) 연애를 하면서 성령 충만의 은혜를 깊이 경험했다고 합니다. 그래서 하나님의 은혜로 결혼에 성공했다고 확신하고 있습니다. 아무리 생각해도 저 같은 '천연기념물'에게 무슨 매력이 있어서, 한 여자가 인생을 함께하기로 결단했는지 그저 신기하기만 합니다.

사실 이 책의 내용은 당시 6시간 동안 썼던 연애편지에 기초하고 있습니다. 말하려는 핵심이 그 편지에 거의 다 들어 있습니다. 그때 무슨 생각으로 그렇게 연애하고 한 여자를 부담스럽게 했는지 모르겠지만, 만일 지금 다시 연애하라고 해도 똑같이 할 것 같습니다. 그만큼 저는 20대 중반부터 분명한 연애관을 가지고 있었습니다. 그전까지 실패한 연애 경험들을 통해 하나님 앞에서 제 나름대로 정립한 내용입니다.

너무 괴리감 느끼는(?) 연애관

한때 제 연애편지를 읽은 믿음의 동역자들이 다양한 피드백을 보냈습니다. 이게 무슨 뜬구름 잡는 소리냐고 비꼬는 사람도 있었고, 반면에 복사해서 들고 다니며 읽는 사람도 있었습니다. 심지어 허락도 없이 개인 블로그에 올리는 사람도 있었습니다. 생각보다 반응이 다양해서 좀 당황했던 기억이 납니다.

편지의 내용이 많은 사람들에게 뜬구름 잡는 소리일지 모르지만, 적어도 저에게는 저의 일상과 연애를 움직이는 실재(reality)였습니다. 결혼한 지금도 동일합니다. 하나님 나라와 그분의 비전이 저희 부부의 결혼생활을 이끌어 가고 있습니다. 우리의 연애와 결혼이 어디를 지향해야 하는지, 저는 20대 중반부터 성경에 기초하여 나름 깨달았습니다.

소위 세속적인(?) 연애 방법론은 잘 모릅니다. 연애 때보다는 그런 방법에도 능숙해졌지만, 그런 쪽의 전문 강사에 비하면 아직 문외한(門外漢)에 가깝습니다. 혹시 이 책에서 그런 내용을 기대하는 독자들은 미리 포기하는 게 좋습니다. 좀 어처구니없고 뜬구름 잡는 것처럼 들려도 인내심을 가지고 찬찬히 읽어 주시면 감사하겠습니다.

책 내용의 시작부터 충격 받은 독자들이 있을 줄 압니다. 이 시대와는 전혀 맞지 않는 연애라고 놀리는 독자도 있을 것이고, 현실을 모르는 사역자의 한낱 이론일 뿐이라고 비꼬는 독자도 있을 것입니다. 어떤 피드백이라도 좋습니다. 이미 그런 말들을 수없이 들어서 그냥 그러려니 하고 있습니다. 조금 전 말씀드렸듯이, 그들에게는 현실성이 없고 한낱 이론일지는 몰라도, 적어도 저에게는 편지의 내용이 연애와 결혼을 움직이는 생생한 실재(實在)입니다.

우리가 믿는 복음이 또한 그러하다고 생각합니다. 어떤 사람에게는 뜬구름 잡는 소리로 들리지만, 다른 사람에게는 자신의 인생을 거는 전부가 됩니다. 그리스도의 십자가와 부활, 이것을 기초로 진행되는 하나님 나라와 그분의 비전, 또 '그 반석'에 기초한 신앙고백과 하나님의 능력이, 생각보다 많은 교인들에게 뜬구름 잡는 소리로 들리는 것 같습니다. 자신들의 피부에 별로 와 닿지 않는다고 생각합니다.

연애와 결혼은 일상과 직결되어 있다고 생각하는데, 하나님 나라와 그분의 복음은 일상과 동떨어진 것처럼 생각하려고 합니다. 사역자의 양심을 걸고 외치지만, 이런 현상을 마치 당연한 것처럼 생각해서는 안 됩니다. 모두가 그렇게 느끼고 생각하기 때문에 나도 그렇게 생각하도록 나 자신을 몰아붙이지 말아야 합니다.

우리가 절대 신뢰하는 성경의 내용은 모든 일상이 하나님 나라 안에 있다고 말씀합니다. 즉, 하나님의 통치가 미치지 않는 우리의 일상이란 조금도 있을 수 없다는 뜻입니다. 연애와 결혼도 마찬가지입니다. 특히 미혼 남녀의 근원적인 욕구와 직결되어 있는 연애가 하나님의 통치 하에 있어야 합니다. 따라서 제 연애편지의 내용이 하나님 나라와 그분의 복음에 기초하고 있다면, 일상과 동떨어진 연애관이 아니라 오히려 하나님 나라의 모든 일상과 직결되어 있는 연애관입니다.

적어도 크리스천 연애관은 세상과 구별되어야 합니다. 서로를 향한 성적인 반응과 이끌림은 그들과 다를 바가 없지만, 연애의 기초와 그것이 지향하는 바는 그들이 흉내 낼 수 없는 모습이어야 합니다. 이제 더이상 물러설 수 없습니다. 크리스천 연애관에 근본적인 회심을 추구해야 합니다. 하나님 나라와 그분의 비전에 맞춰진 연애가 적어도 우리에게는 당연하게 느껴지도록 모두가 힘을 모아야 합니다. 세상과는 다른 크리스천 연인임을 무엇으로 입증하고 싶습니까?

 ## 차이가 없는 연애 기준

결혼 적령기의 청년들은 배우자 선택에 있어 자기 기준이 분명합니다. 많은 경우에 남성들은 미래의 배우자가 얼굴이 예뻐야 한다거나, 몸매가 좋아야 한다거나, 집안환경이 괜찮아야 한다는 기준을 갖고 있습니다. 또 여성들은 배우자의 인물과 함께 성격이 좋아야 한다거나, 유머 감각이 뛰어나야 한다거나, 아니면 자신의 마음을 잘 달래줄 수 있어야 한다는 기준을 갖고 있습니다.

이런 말들을 종합해 보면, 일단 상대방이 자신의 마음에 끌려야 배우자감으로 한번 생각해 보겠다는 것입니다. 다시 말해, 연애를 시작하기 전부터 자기중심적으로 생각한다는 뜻입니다. 상대방이 내가 원하는 대로 반응하고 내가 세운 기준을 충족시켜야 연애를 시작할 수 있다는 말입니다.

그런데 문제는 교회 청년들조차도 그런 식으로 연애를 시작한다는 데 있습니다. 세상의 그들과 마찬가지로 배우자 선택에 있어서 자신만의 기준이 있습니다. 어떤 자매는 형제의 신앙은 기본이며 경제력도 있고 인물도 있어야 한다는 기준을 갖고 있습니다. 또 어떤 형제는 자매의 신앙은 물론 그 집안사람 모두가 신앙생활을 해야 한다는 기준을 갖고 있습니다. 이외에도 다른 여러 가지 기준이 있습니다.

이처럼 교회 청년들도 연애와 결혼에 대해 저마다 분명한 기준을 갖고 있습니다. 당연히 하나님의 자녀인 우리는 연애관이 분명해야 합니다. 그러나 문제는 세상의 그들이 연애를 시작하는 방식과 별반 다르지 않다는 데 있습니다. 대체적으로 신앙을 가진 이성과 연애하려는 점은 좋은 현상입니다. 하지만 그것은 막연한 전제일 뿐이고, 세상 사람들이 연애를 시작하고 교제하는 방식과 별 차이가 없어 보입니다.

그런 생각이 뭐가 문제냐고 반문할지도 모르겠습니다. 나랑 안 맞는 사람과 어떻게 연애를 시작할 수 있냐고 따지면, 저도 단호하게 반론하지는 않습니다. 다만 한 번만 다른 각도에서 생각해 보자고 제안하고 싶습니다. 당연하다는 그 생각이 사실 당연한 것은 아니고, 역사적으로 볼 때 비교적 최근에 들어와서 생겨난 것입니다.

일단 성경을 보면, 지금과 같은 연애 방법은 찾아볼 수 없습니다. 인류 최초의 연애이자 결혼은 하나님께서 직접 '짝지어 주신' 것이고(창 2:22-24), 그 후로 계속 소개되는 연애와 결혼도 당사자들의 로맨틱한 사랑보다는 부모의 의중이나 외적인 요소에 의해 거의 결정되다시피 했습니다. 이삭과 리브가의 만남이 그러했고(24:3-67), 야곱과 라헬의 만남도 마찬가지였습니다(29:6-30). 심지어 결혼한 형이 아들이 없는 상태에서 죽으면, 그 동생이 형수와 결혼해서 대를 이어야 하는 율법도 있었습니다(신 25:5).

성경 외에 일반 역사에서도 다르지 않았습니다. 사랑하는 대상을 내가 결정한다는 생각은 겨우 20세기에 들어와서야 생겨난 변화입니다. 그전까지는 연애와 결혼을 결정하는 자기 권한이 거의 없었고, 오히려 집안의 결정이나 결혼 중매인이나 기타 사회적 요인에 의해 결정되었습니다.[1] 지금과 같은 연애 방법은 현대 문화의 특성과 맞물려 역사적으로 새롭게 나타난 현상입니다.

제가 말하려는 요지는 당연하게 생각하는 연애 개념이 원래는 당연한 게 아니라는 것입니다. 그렇다면 질문해 봐야 합니다. 크리스천 연애가 세상의 방식과 어떻게 달라야 하는지 말입니다. 물론 성경에 나오는 '외적인 방식'이 모든 시대에 걸친 정답이라고 생각하지는 않습니다. 굳이 비유하자면, 언약을 집행하는 외적 방식이 구약과 신약이 각각 다른 것과 비슷한 이치입니다.[2]

그럼에도 크리스천 연애와 결혼에는 절대 변할 수 없는 본질과 그 기준이 있다는 사실을 기억해야 합니다. 적어도 자기중심적 연애와 결혼은 재고해 봐야 할 것 같습니다. 그렇다고 자기 생각을 죽이고 부모가 점찍어 주는 사람과만 연애하고 결혼하라는 말이 아닙니다. 크리스천 연애와 결혼에는 외적인 요소가 정말 크게 작용해야 한다는 점을 말하

★
1) 에리히 프롬, 『사랑의 기술(세계명저 영한대역 5)』, 장재형 옮김 (서울: 조은문화사, 1998), 17.
2) 같은 은혜 언약이 구약에서는 약속과 예언과 희생제물과 할례 등으로 집행되었고, 신약에서는 세례와 성찬이라는 성례를 통해 집행되었다. 웨스트민스터 대교리문답 33-35를 참고하라. 김학모 편역, 『개혁주의 신앙고백』 (서울: 부흥과개혁사, 2015), 581-583.

고 싶습니다. 그 외적인 요소가 바로 세상의 연애와 근본적으로 다르게 하는 크리스천만의 기준입니다.

 ## 연애와 결혼에 접근하는 두 관점

크리스천 연애와 결혼에 접근하는 두 관점이 있습니다. 연구자에 따라서 더 세분하기도 하지만, 현장 사역자로서 저는 크게 2가지로 구분합니다. 하나는 발달심리학적으로 접근하는 관점입니다. 이것은 세상의 그들처럼 우리의 연애와 결혼도 하나의 발달과정으로 보고, 특히 성도로서 청(소)년기와 장년기에 이성(연인 또는 부부)과 어떻게 상호작용하는지를 연구하는 방법입니다.

다른 하나는 성경신학적으로 접근하는 관점입니다. 이것은 연애와 결혼을 철저하게 성경과 교리에 근거하여 그 성격과 정의를 도출해 내고, 특히 결혼의 궁극적인 실체와 목적이 무엇인지를 연구하는 방법입니다. 연애와 결혼생활 중에 나타나는 실제 사례에 대해서도 부분적으로 다룹니다. 이것 역시 성경에서 그 원리를 추출해 내어 우리의 죄성을 제어하는 방식으로 그것을 적용합니다.

이 책의 주된 관심은 성경신학적인 관점입니다. 독특성을 살리려는 의도로 저의 연구물을 '연애 신학'이라고 명명했습니다. 우리 삶의 모든 영역은 하나님의 비전 성취와 관련되어 있습니다. 따라서 크리스천 연애와 결혼 또한 하나님의 비전 성취라는 맥락에서 이해되어야 합니다.

그분의 비전은 온 세상이 죄가 없는 하나님 나라로 완성되는 것이고, 십자가의 복음이 온 땅에 영광스럽게 중거되는 것입니다.

연애와 결혼은 모든 청년들에게 최고의 관심사입니다. 자신들이 가장 하고 싶은 대로 하려는 영역이기도 합니다. 저는 이 부분에서 청년들이 스스로의 욕망과 타협하도록 내버려 두고 싶지 않습니다. 정말 하나님의 영광을 위해 살겠다는 청년이라면, 자신의 근원적인 욕구조차도 하나님 중심적으로 전환해야 합니다. 이 부분에 관한 지침을 제공하는 것이 바로 '연애 신학'입니다.

마지막으로, 이 2가지 관점의 상호관계에 대해 부연합니다. 주된 관심사가 성경신학적 접근이라고 해서 발달심리학적 접근을 무시하거나 부정하지는 않습니다. 다만 성경신학적 접근이 전체 골격과 핵심을 이루고 발달심리학적 접근이 부분적으로 활용되어야 함을 강조하고 싶습니다. 아무리 탁월한 후자의 접근 방식이라도 하나님의 비전 성취와 결혼의 궁극적 실체를 다루지 않는다면, 결국 서로의 반응 기제에만 몰두하게 만들 뿐입니다. 따라서 크리스천 연애와 결혼을 지도하는 데는 '연애 신학'이 반드시 필요합니다.

 ## '연애 신학'과 결혼 신학

저는 크리스천 연애와 결혼에 대해 관심이 많습니다. 보기와는 다르게 연애를 일찍 시작했고, 결혼도 20대 중반을 살짝 넘긴 나이에 했습니다. 마흔을 넘겨 아직 미혼인 친구들이 있는 걸 보면, 또래에 비해 결혼을 일찍 한 것 같습니다. 물론 제가 잘나서가 아니라 전적인 하나님의 은혜이고, 당시 연인(현재 아내)의 긍휼히 여기는 마음 덕분입니다.

또 어릴 때부터 성경과 교리를 무척 좋아했습니다. 연애를 하면서도 그 원리와 방법을 성경에서 늘 찾곤 했습니다. 참 신기하게도 크리스천 연애의 원리가 성경 곳곳에 숨어 있었습니다. 연애뿐만 아니라 결혼도 마찬가지입니다. 결혼생활의 원리는 더욱 명시적으로 언급되어 있습니다. 그래서 연애와 결혼에 있어 최고의 교과서는 '성경'이라고 확신합니다.

성경적 연애에 대한 고민은 대략 20년 전부터 시작되었습니다. 그때부터 먼저 저를 대상으로 임상실험(?)을 하고 성경과 교리에 접목해서 깨달은 부분들을 정리하기 시작했습니다. 그렇다고 완전히 독창적인 것은 아니며, 어느 부분은 선행 연구자들의 언어를 차용했습니다. 아무튼 나름의 체계를 가지고 특히 성경신학적 관점에서 정리한 결과물이라 하여 '연애 신학'이라고 부릅니다.

그렇다면 '연애 신학'이라는 표현이 무엇을 의미할까요? 원어상으로 '신학'(theologia)이라는 말은 '하나님이 말씀하시다' 또는 '(우리가) 하나님을 말하다'는 뜻입니다.[3] 따라서 '연애 신학'이라는 말은 '하나님이 연애를 통해 말씀하시다' 또는 '(우리가) 연애를 통해 하나님을 말하다'라는 의

★
3) 유해무, 『개혁교의학』 (고양: 크리스챤다이제스트, 1997), 21.

미입니다. 다시 말해, 크리스천 청춘 남녀는 자신의 연애 과정을 통해 하나님이 말씀하시는 바를 경청하고, 동시에 연애 과정 자체가 하나님을 증거하는 여정이 되어야 한다는 것입니다.

예전에 저는 존 파이퍼(John Piper)의 『결혼 신학』을 읽은 적이 있습니다. 페이지를 넘길 때마다 정말 감탄하게 되었는데, 평소 추구하던 결혼에 대한 저의 관점과 거의 동일했기 때문입니다. 결혼의 궁극적인 실체와 목적을 성경에서 도출해 내고, 그리스도와 교회라는 맥락에서 '결혼 신학'을 전개하고 있었습니다.[4] 저의 언어로 환언하자면, 파이퍼 역시 결혼을 통해 하나님이 말씀하시는 바에 귀를 기울이고, 동시에 결혼생활 자체가 하나님을 증거하는 여정이자 성화의 과정으로 이해합니다.

그러므로 크리스천의 연애와 결혼은 세상 사람들의 그것과는 근본적으로 다릅니다. 무엇보다 연인이나 부부 사이에 하나님이 늘 개입하시기 때문이고, 또 하나님께서 당신의 목적에 따라 연애와 결혼을 주권적으로 섭리하시기 때문입니다. 바로 이러한 맥락에서 세상과 구별되는 연애와 결혼이 우리 가운데 속히 회복되어야 합니다! 특히 사역자들은 교회 청소년과 청년들이 자신의 근원적인 욕구를 '거룩한 연애관'에 순응시키도록 힘써 지도해야 합니다.

★
4) 존 파이퍼, 『결혼 신학』 이은이 옮김 (서울: 부흥과개혁사, 2010), 30-31.

하나님의 영광을 위하는 연애

> 그런즉 너희가 먹든지 마시든지 무엇을 하든지 다 하나님의 영광을
> 위하여 하라 (고전 10:31)

이 말씀은 성도들에게 아주 익숙한 구절입니다. 전후 문맥은 우상제물을 먹는 문제에 관한 것입니다. 우상제물을 대할 때 신앙의 양심에 따라 묻지 말고 그냥 먹든지, 그것이 제물이라고 알게 한 자와 그 양심을 위해 먹지 말든지 그것 자체가 중요한 것이 아니라, 하나님의 영광을 위하여 먹든지 마시든지 하라고 권면합니다.

여기에서 우상제물의 문제를 논하려는 게 아닙니다. 31절 말씀에 나오는 "무엇을 하든지"라는 표현에 주목하려고 합니다. 사도 바울은 하나님의 영광을 위하는 삶을 단지 우상제물을 먹는 것과 마시는 일에만 국한시키지 않습니다. "먹든지 마시든지 무엇을 하든지 다 하나님의 영광을 위하여 하라"고 말씀합니다.

그렇다면 "무엇을 하든지"에 해당하는 삶의 정황에는 어떤 것들이 있을까요? 당시 고린도 교회에 국한시켜 보더라도, 온갖 상황들을 떠올릴 수 있습니다. 그들은 음행 문제, 소송 문제, 결혼 문제, 우상숭배 문제, 성만찬 문제, 은사남용 문제 등의 수많은 삶의 정황 가운데 살았습니다. 사도 바울의 권면대로, 그것들을 모두 하나님의 영광을 위하여 해결해야 함을 그들이 깨달았습니다.

이 구절이 단지 고린도 교회에만 주어진 말씀일까요? 그렇게 생각하

는 사람은 하나님의 말씀을 경홀히 여기는 사람입니다. 성경 말씀은 문맥이 제한하지 않는 한, 모든 시대의 모든 사람들에게 적용되는 보편적인 말씀입니다. 그러므로 이 말씀은 오늘 우리에게도 똑같이 적용되는 주님의 명령입니다.

이제 31절의 "무엇을 하든지"에 해당하는 삶의 정황으로 '연애와 결혼'을 적용시키려고 합니다. 이 말씀이 주어진 당시에도 결혼 문제가 크게 부각되었기 때문에, 오늘날 크리스천의 연애와 결혼 문제에 적용하는 것이 전혀 문제가 되지 않습니다.

 ## 둘이서 같은 방향을!

우리는 경험을 통해 알고 있다. 사랑한다는 것은 서로가 서로를 바라보는 것이 아니라 같은 방향을 함께 바라보는 것임을.[5]

생텍쥐페리(Antoine de Sainte-Exupery)의 『인간의 대지』에 나오는 말입니다. 크리스천 청년들의 연애에 큰 통찰력을 주는 문장이지요. 사랑의 지향점을 잘 말해 주기 때문입니다. (물론 원 문맥은 동료애를 뜻하는 사랑입니다.) 세상은 말할 것도 없고 크리스천 청년들조차 연애할 때 서로를 쳐

★
5) 앙투안 드 생텍쥐페리, 『인간의 대지』, 허희정 옮김 (서울: 펭귄클래식코리아, 2015), 200.

다보는 일에 길들여져 있습니다. 하지만 이것은 사랑의 본질을 필연적으로 왜곡시킵니다. 왜냐하면 하나님이 사랑이시기에(요일 4:8), 우리가 그분께 향해 있을 때만이 모든 사랑에 의미가 부여되기 때문입니다. 여기에는 청년들의 연애뿐만 아니라 부부간의 사랑도 포함됩니다.

그렇다면 우리의 사랑은 어디를 지향해야겠습니까? 특히 크리스천 청년들은 어떤 곳을 바라보며 연애를 해야겠습니까? 만일 이러한 질문이 어색하고 심지어 불쾌하게 느껴진다면 당신의 신앙에는 분명 문제가 있습니다. 그렇게 반응한다는 자체가 이 부분에 대해서는 하나님과 따로 떼어 생각한다는 반증이기 때문입니다.

제 글은 크리스천 미혼 남녀가 어떻게 하면 연애에 성공할 수 있을까에 대한 내용이 아닙니다. 소위 남자와 여자의 다른 특성을 유형별로 분석하고 그에 따라 연애하는 방법을 제시하는 책은 더더욱 아닙니다. 그런 내용은 연애에 정통한(?) 작가들의 책을 참고하면 되겠습니다.

제가 집중적으로 다루려는 내용은, 크리스천 연애와 결혼이 궁극적으로 지향하는 바가 무엇인가에 관한 것입니다. 또한 그 지향점이 현재의 연애와 결혼에 어떤 영향을 미치고, 그렇기 때문에 어떻게 연애를 해야 하는지를 자세히 다루려고 합니다.

몇 가지 질문으로 시작해 보겠습니다. 이 책을 읽는 당신이 미혼이라면 어떤 목적으로 연애를 하고 싶습니까? 물론 연애의 목적이 결혼이라는 대답 그 이상을 요구하는 것입니다. 당신이 만일 기혼이라면 어떤 관점으로 미혼의 커플들에게 조언해 주고 싶은가요?

혹시 너무 막연하고 고리타분한 질문으로 들립니까? 좀 더 구체적으로 질문해 보겠습니다. 연애를 하는 것과 우리의 신앙이 어떤 관계가 있는지 진지하게 생각해 보셨나요? 크리스천 연애를 하나님 나라의 맥락에서 어떤 의미가 있는지 고민해 봤습니까? 또한 성도의 결혼과 결혼생활을 성경에 근거해서 그것의 의미와 최종적인 지향점에 대해 생각한 적이 있습니까?

아마 "무엇을 하든지 다 하나님의 영광을 위하여 하라"(고전 10:31)는 말씀을 떠올릴 것입니다. 하지만 이 말씀을 앵무새처럼 내뱉는 것으로 만족해서는 곤란합니다. 하나님의 영광을 위해 실제로 어떻게 연애하고 있는지, 또 어떤 결혼을 꿈꾸고 있는지 구체적으로 답변할 수 있어야 합니다.

이 말씀을 떠올리는 청년들은 그래도 희망적입니다. 성경 말씀을 기억하는 영적 감각이 살아 있기 때문입니다. 갈수록 연애와 결혼만큼은 자기 뜻대로 하려는 것 같습니다. 심지어 연애와 결혼을 무슨 그런 것과 연관시키냐고 항변하는 크리스천(?) 청년도 있습니다.

하지만 더 이상 물러설 수 없습니다. 저는 모든 크리스천 청년들이 하나님의 영광을 갈망하며 그분의 나라에 사로잡히길 간절히 바라고 있습니다. 그들의 연애관에 근본적인 회심이 일어나기를 소망하고 있습니다. 우리 청년들이 세상 친구들과 구별될 수 있는 가장 확실한 표징이 무엇이겠습니까? 청년들의 근원적인 욕구와 직결되어 있는 연애관이 '하나님 나라에 맞춰지는 것'입니다.

이런 생각이 너무 비현실적이고 불가능해 보입니까? 천만의 말씀입니다. 연애를 제대로 지도하지 못한 사역자들의 잘못 때문에 다만 순진하게 보일 뿐입니다. 지금이라도 늦지 않았습니다. 청년들의 강렬한 욕구에 '거룩한 부흥'이 일어나도록 청년 사역자들과 기성세대들이 기도하며 힘을 모아야 합니다. 더욱이 그들의 연애관에 회심을 일으키는 것이 교회를 새롭게 하는 큰 방편임을 기억해야 합니다. 왜냐하면 교회의 거룩성은 세상과 구별되는 성도의 연애관과 결혼관에 크게 좌우되기 때문입니다.

 ## 모든 일상의 지향점

모든 일상은 하나님 나라와 직결되어 있습니다. 이것은 동의하고 안하고의 문제가 아닙니다. 우리의 실존 자체가 하나님 나라와 따로 분리될 수 없습니다. 온 세상을 만드신 분이 하나님이시기 때문입니다.

그런데 창세기 3장부터 하나님 나라에 죄가 들어오고 말았습니다. 이때부터 하나님 나라의 개념이 분화되었습니다. 원래 한 개념이었던 것이 죄로 인해 균열이 생겨 하나님의 통치가 완벽하게 이루어지지 않는 영역이 생겨났습니다. 물론 이 영역 역시 하나님의 주권 하에 허용된 것입니다. 이것이 세상 사람들과 공유하는 일반적인 통치 영역이라 하여 하나님의 '일반적 통치'라고 부릅니다. 이 영역 또한 일반적인 의미에서 하나님 나라로 부를 수 있습니다.

이에 반하여 하나님의 통치가 '온전하게' 이루어지는 영역이 있습니다. 십자가의 복음을 통해 다스리시는 영역인데, 그것을 우리는 '구속적 통치'라고 부릅니다.[6] 죄가 들어온 직후에 이미 약속의 형태로 시작되었지만(창 3:15), 2천 년 전 갈보리 언덕의 십자가 사건과 특히 그리스도의 부활 때부터 본격적으로 진행되고 있습니다. 구속적 통치를 위해 하나님은 이 땅에 교회를 세우시고, 바로 이 교회를 통해 하나님 나라가 날마다 확장되는 것입니다. 이것이 예수께서 이 땅에 살아가며 외치신 그 '하나님 나라'입니다(막 1:14-15; 눅 8:1). 구속적 통치를 뜻하는 이 하나님 나라가 곧 복음이기 때문에 그것을 하나님 나라의 복음이라고 부르고, 또한 그 나라(천국)를 오게 하는 신적 근거를 십자가에서 다 이루셨기 때문에(요 19:30), 십자가의 복음과 절대 분리될 수 없습니다.[7]

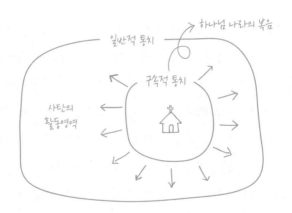

〈천국(하나님 나라) 개념도〉

★

6) 고든 루이스, 브루스 데머리스트, 『통합신학: 인간론·기독론』, 김귀탁 옮김 (서울: 부흥과개혁사, 2010), 212-219.

7) 이런 이유 때문에 사도들과 제자들은 복음을 전할 때 십자가와 부활 사건으로 선포했다. 예수께서 말씀하신 하나님 나라(천국)의 복음이 그 사건에 기초하고 있기 때문이다.

〈천국 개념도〉에서 보듯이, 교회를 통해 하나님 나라(구속적 통치)가 확장되어 가는 시점에 우리가 살고 있습니다. 이 일은 마지막 그날(재림)까지 계속될 것입니다. 모든 일상은 이 맥락에서 이해되어야 합니다. 특히 우리 청년들은 연애를 할 때 제1 원칙으로 가슴 깊이 새겨야 합니다.

과연 우리는 하나님 나라를 꿈꾸며 살아가고 있습니까? 그리스도의 부활로 이미 시작된 하나님 나라가 이 땅에 장차 완성될 것을 정말로 의식하며 살아갑니까? 죽어서 들어가는 '낙원'이 최종 목적지라고 절대 생각하지 말아야 합니다.[8] 낙원을 넘어서는 믿음을 가져야 합니다. 우리의 믿음은 현세적인 믿음입니다. 세속적이라는 뜻이 아니라 지금 밟고 있는 이 땅과 관련된 믿음이라는 뜻입니다. 왜냐하면 현재 우리가 살아가는 이 세상에 하나님 나라가 완성되기 때문입니다. 그날이 되면 지구를 포함하여 온 우주가 새 하늘과 새 땅으로 변화(갱신)될 것입니다.

그렇기 때문에 지금 어떤 생각으로 일상을 사느냐가 참 중요합니다. 현재 무의미해 보이는 모든 순간들이 하나님 나라의 완성에 어떤 식으로든 기여하기 때문입니다. 우리의 순종과 행함에 근거해서 하나님 나라가 오는 것은 아니지만, 하나님께서는 우리의 일상적 행함(순종)을 통해 그 나라를 오게 하십니다. 주님이 재림하셔서 새 하늘과 새 땅을 '창조'하시지만, 세상을 소멸하지 않으시고 우리가 남긴 흔적 위에 그 일을 일으키실 것입니다.

★

8) 죽음 이후에 우리의 영혼은 낙원에서 영광을 누리다가(중간상태), 마침내 주님의 재림 때에 이 땅 위에서 영광스러운 부활체를 입을 것이다.

이제 크리스천 형제자매들에게 질문하고 싶습니다. 한 번뿐인 인생을 통해 하나님 나라의 완성에 기여하고 싶지 않습니까? 가장 양보하기 싫은 연애 문제를 그분의 주권에 내어드리고 싶은 마음은 없습니까? 하나님의 사랑에 사로잡혀 사랑하는 연인과 함께 그 나라를 꿈꾸고 싶지는 않습니까? 십자가의 복음만이 내 연애관을 좌우하는 하나님의 능력이라고 확신할 마음은 없습니까?

 ## 결혼은 '큰 비밀'

크리스천 청년들에게 최고의 연애 지침서는 성경입니다. 성경 이외에 다른 서적들이 쓸모없다는 말은 아닙니다. 일반 인문학이나 상담심리학 책을 통해서도 연애에 대해 유익한 정보를 얻을 수 있습니다. 저도 잠시 상담학 공부를 했습니다. 여건상 석사 과정을 마치지 못해 아쉬운 마음이 들기도 합니다.

무엇보다 성경을 연애의 지침으로 삼아야 합니다. 성경만이 들려줄 수 있는 연애의 '비밀'이 있기 때문입니다. 이런 생각 자체가 의아하게 들리겠지만 분명한 사실입니다. 물론 연애 자체를 두고 직접 진술하는 구절은 거의 없습니다. 하지만 신학적 원리를 바탕으로 결혼과 관련된 본문에서 연애의 지침을 얼마든지 도출해 낼 수 있습니다.

결혼과 관련된 비밀은 사도 바울의 진술에 있습니다. 에베소서 5장 31-32절입니다.

³¹그러므로 사람이 부모를 떠나 그의 아내와 합하여 그 둘이 한 육체가 될지니 ³²이 비밀이 크도다 나는 그리스도와 교회에 대하여 말하노라

우선 31절의 "사람"이라는 단어를 '남자'로 번역하는 것이 좋습니다. 아내와 합하는 자가 남자인 남편이기 때문입니다. 이 구절의 "사람"이 여성도 의미할 수 있다는 이상한 논리가 들어오지 않게 해야 합니다. 그 어떠한 경우에도 결혼은 남자와 여자의 결합임을 사수해야 합니다. 하나님의 창조 질서를 무너뜨리는 사상을 정면으로 거부할 수 있어야 합니다.

여하튼 31절은 남자가 부모를 떠나 여자와 합하여 한 육체가 된다는 말씀입니다. 바울 자신이 만들어낸 구절이 아니라 창세기 2장 24절을 인용한 것입니다. "이러므로 남자가 부모를 떠나 그의 아내와 합하여 둘이 한 몸을 이룰지로다." 보다시피 창세기 본문에는 "남자"라고 제대로 번역되어 있습니다. 이 구절은 하나님이 아담과 하와를 짝지어 주신 후에 이어지는 말씀입니다. 그렇기 때문에 결혼에 관한 보편적인 법칙으로 주어진 하나님의 말씀입니다.

사도 바울은 창세기 2장 24절을 인용한 직후에 의미심장한 말씀을 이어가고 있습니다. "이 비밀이 크도다! 나는 그리스도와 교회에 대하여 말하노라." 하나님이 짝지어 주신 남자와 여자의 결혼을 언급하고 나서 곧바로 "이 비밀이 크도다!"라고 말합니다. 다시 말해, 남편과 아내의 결혼 관계가 큰 비밀이라는 것입니다.⁹⁾ 그래서 결혼을 '큰 비밀'(great mystery)이라고 부릅니다.¹⁰⁾

결혼 관계를 '큰 비밀'이라고 부르는 이유를 바울이 곧이어 설명하고 있습니다. "나는 그리스도와 교회에 대하여 말하노라." 다시 말해, 사도는 남편과 아내의 결혼 관계를 통해 궁극적으로 그리스도와 교회에 대해 말씀하고 싶은 것입니다. 결혼 관계가 결국 그리스도와 교회의 관계를 말해 주기 때문에 '큰 비밀'이라는 뜻입니다.

다른 말로 하면, 결혼 관계의 궁극적인 실체가 그리스도와 교회라는 것입니다. 그리스도와 교회가 궁극적인 '실체'라면, 남편과 아내의 결혼 관계는 일시적인 '그림자'라는 뜻입니다. 존 파이퍼의 표현을 빌리자면, 전자는 '원본'이고 후자는 '사본'이라고 할 수 있습니다.[11]

여기에서 결혼생활의 지향점을 발견할 수 있습니다. 남편과 아내의 결혼생활을 보면 그리스도와 교회가 어떠한 모습인지 알 수 있어야 한다는 말입니다. 그리스도와 교회의 신비적 연합이 부부 사이의 비밀스러운 연합을 통해 드러나야 한다는 의미입니다. 이것이 바로 주께서 제정하신 결혼 제도의 '큰 비밀'입니다.

성경은 곳곳에서 하나님과 우리의 관계를 남편과 아내(또는 신랑과 신부)로 비유하고 있습니다. 이외에도 왕과 백성, 아버지와 자녀의 관계로

★

9) 리고니어 미니스트리, 『개혁주의 스터디 바이블』, 김진운 외 옮김 (서울: 부흥과개혁사, 2017), 2129. 참고로, 어떤 학자들은 "이 비밀"(32절)을 그 용례에 따라 그리스도와 교회의 관계로만 해석한다. 그러나 문맥의 흐름상, "이 비밀"은 31절(창 2:24)을 받는 것이고, 그 내용(실체)이 "그리스도와 교회"라고 해석해야 한다. 이런 맥락을 전제로 한다면, 얼마든지 그들의 해석을 받아들일 수 있다.

10) 실제로 영어 성경 NKJV는 이 부분(엡 5:32a)을 "이것은 큰 비밀이다"(This is a great mystery)라고 번역한다.

11) 존 파이퍼, 『존 파이퍼가 결혼을 앞둔 당신에게』, 박상은 옮김 (서울: 생명의말씀사, 2019), 34.

하나님과 우리 사이를 나타내기도 합니다. 그럼에도 사랑이라는 속성을 우리 입장에서 가장 생생하게 인식할 수 있는 관계적 비유가 남편과 아내의 결혼 관계입니다. 아래에 해당 구절들을 소개합니다.

> "이는 너를 지으신 이가 네 남편이시라 그의 이름은 만군의 여호와이시며……"(사 54:5)
>
> "여호와의 말씀이니라 배역한 자식들아 돌아오라 나는 너희 남편임이라……"(렘 3:14)
>
> "여호와께서 이르시되 그 날에 네가 나를 내 남편이라 일컫고……"(호 2:16)
>
> "예수께서 그들에게 이르시되 혼인집 손님들이 신랑과 함께 있을 동안에 슬퍼할 수 있느냐……"(마 9:15)
>
> "신부를 취하는 자는 신랑이나 서서 신랑의 음성을 듣는 친구가 크게 기뻐하나니……"(요 3:29)
>
> "……내가 너희를 정결한 처녀로 한 남편인 그리스도께 드리려고 중매함이로다……"(고후 11:2)

보다시피 성경은 하나님과 우리 사이를 남편과 아내 또는 신랑과 신부로 계속 비유하고 있습니다. 교인들이 결혼 제도의 '큰 비밀'만 제대로 인식해도 이혼율이 이토록 높지 않을 것입니다. 결혼생활이 그리스도와 교회의 신비적 연합을 증거하는 놀라운 방편임을 기억한다면, 결혼을 대하는 태도부터 확연히 달라질 것입니다.

저도 결혼한 지 15년이 되었지만 아직도 그런 부분에서 늘 부족합니다. 사역적인 역량은 갈수록 향상되는 것 같아도, 정작 결혼생활의 궁극적인 지향점을 놓치고 살 때가 많습니다. 교인들이 저의 결혼생활을 지켜보면서 그리스도와 교회의 아름다운 모습을 발견할 수 있을 거라고 감히 자신할 수 없습니다.

그럼에도 주의 긍휼과 은혜에 힘입어 이 글을 쓰는 중입니다. 자기 반성적인 고백으로 이 책을 대해 주시면 감사하겠습니다. 제가 반드시 성경의 원리에 입각하여 연애하고 결혼을 해서 이런 내용을 말하는 것이 아님을 분명히 밝힙니다. 물론 결혼 전부터 다른 청년들이 보기에 좀 별나게 연애한 것은 사실입니다. 사랑하는 그녀(현재 아내)를 만나면 복음으로 교제하기를 힘쓰고 성경 공부도 하며 기도하는 시간도 자주 가졌습니다. 신혼 첫날밤에는 기도원에서 자정을 넘겨 새벽까지 함께 기도하며 시간을 보냈습니다.

아무튼 연애 시절부터 시작된 고민과 현재까지의 신학적 사유가 한데 어우러진 것이 이 책의 출발이 되었습니다. 그래서 더욱 체험적인 언어로 말할 수 있습니다. 성도의 결혼은 '큰 비밀'이며, 궁극적으로 그리스도와 교회의 관계를 드러내야 한다고 말입니다! 신학 용어를 빌리자면, 결혼은 파기될 수 없는 언약입니다. 결혼생활의 현실을 말하는 것이 아니라 하나님이 원래 의도하신 결혼의 속성을 말하는 것입니다.

♡ 연애는 '작은 비밀'

그렇다면 연애와 결혼은 어떤 관계가 있을까요? 사실 미혼 청년들의 관심사는 결혼보다 연애에 집중되어 있습니다. 청년 사역자로서 저도 연애에 대한 그들의 갈망을 자주 느낍니다. 그래서 소개팅 같은 만남을 주선해 줄 때도 있습니다. 물론 연애로 이어지는 성공률보다 실패하는 경우가 더 많긴 합니다. 많은 경우에 실패하는 원인은 이 시대의 왜곡된 연애관의 영향 때문입니다.

크리스천 청년들이 사용하지 말아야 할 표현이 있습니다. "연애 따로, 결혼 따로!"라는 말입니다. 이 말의 의도는 어느 정도 이해가 됩니다. 연애를 아무리 해도 결혼하게 되는 사람은 따로 있다는 의미로 보입니다. 아니면 철없을 때는 그저 연애 자체가 좋아서 이성을 만나지만, 철이 들면 마음을 다잡고 결혼할 사람을 만난다는 뜻일지도 모르겠습니다.

여하튼 연애와 결혼을 따로 떼어 생각할 수 없습니다. 성도의 결혼과 '그리스도와 교회의 관계'를 따로 떼어 생각할 수 없는 것과 비슷한 이치입니다. 결론부터 말하자면, 연애는 결혼의 '부분적인 그림자'입니다. 결혼이 궁극적 실체(그리스도와 교회의 신비적 연합)의 그림자인 것과 비슷한 원리입니다. 그렇기 때문에 결혼이라는 '큰 비밀'로부터 연애라는 '작은 비밀'의 원리를 도출해 낼 수 있습니다.

둘 사이에 완전히 똑같은 원리가 작동될 수는 없습니다. 연애와 결혼은 비슷해 보이면서도 엄연히 다르기 때문입니다. 그래서 연애는 결혼의 '부분적인' 그림자입니다. 조금 어려운 말로, 연애와 결혼 사이에는

연애(작은 비밀)	결혼(큰 비밀)	궁극적 실체(신비적 연합)
미혼의(형제/자매)	남편 + 아내	그리스도 + 교회
	그림자 ←——→ 실체	
부분적 그림자 ←——→ 상대적 실체		
파기 가능	파기 불가(예외有)	파기 절대 불가
역할 유동적	역할 고정(유동적 상황有)	역할 절대 고정

〈연애 vs. 결혼 vs. 궁극적 실체〉

연속성과 불연속성이 있습니다. 우선 연애와 결혼과 궁극적 실체를 한눈에 알아보도록 표로 정리해 보겠습니다.

먼저 결혼과 궁극적 실체를 비교해 봅시다. 하나님이 의도하신 결혼의 원래 속성으로 보면, 궁극적 실체와 결혼은 서로 똑같은 원리가 작동됩니다. 다만 전자는 실체이고 후자는 그림자일 뿐입니다. 표에서 보듯이, 둘 다 신비하고 비밀스러운 연합을 담고 있으며, 파기할 수 없는 언약 관계에 있고, 연합의 각 대상이 지니는 역할이 고정되어 있습니다.

하지만 질적으로나 양적으로 완전히 똑같은 원리가 작동될 수는 없습니다. 실체와 그림자가 지니는 각각의 속성 때문입니다. 실체는 완전하지만 그림자는 불완전합니다. 또 실체는 모든 것을 말해 주지만, 그림자는 부분적으로만 말해 줄 뿐입니다. 따라서 우리는 결혼생활을 통해 그리스도와 교회의 신비적 연합을 증거해야 하지만, 모든 부분에 있어서 완전하게 똑같이 드러낼 수는 없습니다. 왜냐하면 우리는 피조물로

서 죽기 전까지 결혼생활을 통해 궁극적 실체(신비적 연합)의 속성을 부분적으로, 그리고 일시적으로 경험하기 때문이지요.

부활 논쟁 중에 예수께서 하신 말씀을 떠올려 보기 바랍니다. "부활 때에는 장가도 아니 가고 시집도 아니 가고 하늘에 있는 천사들과 같으니라"(마 22:30). 주께서 재림하실 그날에 영광스러운 부활이 일어나면, 더 이상 장가가거나 시집가는 일이 없어진다는 말씀입니다. 다시 말해, 영광스러운 부활을 통해 신비적 연합의 실체가 오면, 현재의 결혼 제도는 더 이상 존속되지 않는다는 뜻입니다. 그 연합의 실체는 "어린 양의 혼인 잔치"로 그날에 나타날 것입니다(계 19:9).

창세기 2장에서 결혼 제도를 만드신 우리 주께서 마태복음 22장에서는 그것의 폐지를 말씀하고 계십니다. 원래부터 남편과 아내의 연합(결혼)을 통해 궁극적으로 당신과 우리의 신비적 연합을 증거하기 원하신다는 뜻입니다. 사도 바울이 주님의 그런 의도를 에베소서 5장 31-32절에서 밝히 드러내고 있는 것입니다.

이제 연애와 결혼을 서로 비교해 봅시다. 둘 사이에 비슷한 점(연속성)이 있습니다. 한 남자와 한 여자가 서로 친밀하고 은밀한 관계를 누립니다. '관계가 지속되는 한' 제3자가 끼어들지 못하는 배타적인 상태입니다. 일반적으로 연애의 과정을 거쳐 결혼으로 이어지기 때문에, 결혼은 연애의 실체이고 연애는 결혼의 부분적 그림자라고 할 수 있습니다. (이것은 불연속성이기도 합니다.) 물론 궁극적 실체와 구별되기 때문에 결혼은 어디까지나 '상대적 실체'입니다.

그러나 완전히 구별되는 측면(불연속성)이 있습니다. 표에서 보듯이,

결혼은 원칙적으로 파기가 불가능한 언약입니다. 반면에 연애는 연합을 이룬 상태가 아니기에 파기가 가능한 일시적인 관계입니다. 그렇기 때문에 연애 중에는 결혼생활에서 누리는, 완전한 배타성의 은밀한 관계(한 몸 됨)를 누릴 수 없습니다. 또한 궁극적 실체를 드러내는 측면에서도 둘 사이에 차이점을 보입니다. 결혼은 각각의 역할이 고정되어 있지만, 연애는 반드시 그렇게 해야 하는 것은 아닙니다. 결혼생활에서처럼 미혼의 형제가 자매의 머리 됨이라고 주장할 수는 없습니다. 여기에 대해서는 제6장에서 집중적으로 다루겠습니다.

정리하자면, 연애와 결혼은 연속성과 불연속성을 동시에 지니고 있습니다. 친밀한 관계가 이어진다는 측면에서는 연속적이지만, 각각의 본질적 속성을 볼 때는 엄연히 불연속적입니다. 이러한 이유들 때문에, 그리고 상대적 실체와 부분적 그림자라는 관계성 때문에 저는 연애를 '작은 비밀'이라고 부릅니다. 왜냐하면 결혼이 '큰 비밀'로 일컬어지기 때문이지요.

1. 평소에 내가 생각하는 연애관이나 연애 기준에 대해 진솔하게 나누어
   보라.

2. 연애하는 것과 하나님의 영광을 연결시켜 고민해 본 적이 있는가?

3. 2천 년 전에 본격적으로 시작된 하나님 나라가 현재 진행되고 있고, 또
   예수께서 다시 오심으로 완성된다는 것을 정말로 믿고 있는가?

4. 성도의 결혼이 그리스도와 교회의 관계를 드러낸다고 말씀하는데, 어
   떤 점에서 그러한지 구체적으로 말해 보라.

5. 연애와 결혼이 서로 무엇이 비슷하고 무엇이 다른지 자신의 언어로 자
   유롭게 나누어 보라.

제2장

존재적 사랑과 개념적 사랑

이제 정말 중요한 부분을 다루려고 합니다. 어쩌면 이 책에서 가장 중요하고 핵심적인 부분일지도 모르겠습니다. 우리가 사랑을 어떻게 정의할 수 있을까요? 이 질문은 종교와 상관없이 수많은 사람들의 대답을 다양하게 불러일으킵니다. 철학자들은 여러 가지 철학적 개념으로 사랑이 무엇인지 입증하려고 합니다. 생물학자들은 사랑을 두고 호르몬 분비에 따른 신체적 반응으로 설명할 것이고, 심리학자들은 대개 우리의 의식이나 무의식 가운데 일어나는, 서로를 향한 정서적 친밀감으로 설명할 것입니다.

이런 사실은 사랑이 무엇인지 한 문장으로 정의하기가 불가능하다는 점을 보여 줍니다. 이 책을 읽는 당신은 사랑을 어떻게 정의하고 싶습니까? 역시 독자마다 다르게 답변할 것입니다. 저의 답변도 수많은 문장 중의 하나일지도 모르겠습니다. 우리는 사랑을 정의한다기보다 사랑의 어떤 측면을 자기 언어로 묘사하는 것입니다.

그럼에도 저는 무모해 보이는 시도를 하려고 합니다. 사랑을 한 문장으로 정의하기가 불가능하기 때문에 여러 측면에서 살펴보고자 합니다. 역시 이번에도 성경에서 사랑을 어떻게 묘사하고 있는지 살필 것입니다. 성경이라는 완결된 계시에 의존해서 생각(계시 의존적 사고)해야 하기 때문입니다.

사랑에 관한 가장 위대한 정의는 요한일서 4장 7-10절에 나타나 있습니다.

⁷사랑하는 자들아 우리가 서로 사랑하자 사랑은 하나님께 속한 것이니 사랑하는 자마다 하나님으로부터 나서 하나님을 알고 ⁸사랑하지 아니하는 자는 하나님을 알지 못하나니 이는 하나님은 사랑이심이라 ⁹하나님의 사랑이 우리에게 이렇게 나타난 바 되었으니 하나님이 자기의 독생자를 세상에 보내심은 그로 말미암아 우리를 살리려 하심이라 ¹⁰사랑은 여기 있으니 우리가 하나님을 사랑한 것이 아니요 하나님이 우리를 사랑하사 우리 죄를 속하기 위하여 화목제물로 그 아들을 보내셨음이라

특히 8절 후반부를 주목해 보십시오. "이는 하나님은 사랑이심이라!" 사랑의 사도답게 요한은 하나님 자신이 사랑이라고 단언하고 있습니다. 사랑을 정의하는 모든 출발점이 바로 이 부분이어야 합니다. 왜냐하면 사랑은 관계성과 동떨어진 '개념적 차원이 아니며' 반드시 사랑을 관계적으로 계시하는 '존재가 있어야' 하기 때문입니다.

그래서 사랑은 일차적으로 존재의 차원에서 정의되어야 합니다. 왜냐하면 하나님 자신이 사랑이시기 때문입니다! '사랑'은 명사처럼 보이지만 사실은 언제나 동사입니다. 스스로 고정되어 있거나 변화를 일으키지 않는 사랑이란 있을 수 없습니다. 따라서 사랑은 동적인(dynamic) 존재의 영역에 속한 것이며, 하나님 자신이 사랑이기 때문에 우리의 유한한 언어로 간단하게 정의될 수 없습니다.

이런 이유 때문에 사도 요한은 "이는 하나님은 사랑이심이라"고 선언한 후에 설명을 덧붙이고 있습니다. 이 짧은 문장에 내포된 '무한한 존재의 울림'을 유한한 우리의 이성으로 제대로 이해할 수 없기 때문입니다. 사도는 그 사랑이 "우리에게 이렇게 나타난 바 되었으니" 또는 "사랑은 여기 있으니"라는 말로 부연 설명하고 있습니다.

타락한 인간은 그 사랑을 선언적인 짧은 문장("God is love!")으로 이해하기가 역부족입니다. 그래서 요한은 그 사랑이 실제로 어떻게 나타났는지 '동사'로 우리에게 알려주고 있습니다(9절). 또 그 사랑이 어디에 있는지를 동적인 내용으로 정확하게 말해 주고 있습니다(10절).

사랑은 하나님께 속한 것이고 하나님 자신이 사랑이라는 말씀이 어떤 내용입니까? 9-10절에서 보듯이, 하나님이 독생자를 세상에 보내셔서 그분으로 말미암아 우리를 살리시는 것입니다! 또 우리가 하나님을 사랑한 것이 아니고, 하나님이 우리를 사랑하셔서 우리 죄를 속하기 위해 화목제물로 그 아들을 보내신 것입니다!

정말이지 이보다 더 위대한 사랑의 묘사는 세상에 없습니다. 사도의 진술은 세상의 모든 사랑의 총화(總和)이자 인간이 인식할 수 있는 사랑의 지고(supremacy)입니다. 죄인의 죽은 심장을 뛰게 하는 생명 그 자체입니다. 크리스천 청년들은 지고한 이 사랑의 내용부터 존재 내면에 새길 수 있기를 바랍니다! 이성 간에 싹트기 시작하는 정서적 친밀감이 이 사랑에 기초하여 발전할 수 있기를 소망합니다. 우리와 특별한 관계를 맺는 이 사랑을 떠나서는 모든 일상이 한순간도 의미를 가질 수 없다는 사실을 기억해야 합니다.

사랑은 관계적이어야 한다는 말을 7-8절과 관련시켜 살펴보겠습니다. "……사랑은 하나님께 속한 것이니 사랑하는 자마다 하나님으로부터 나서 하나님을 알고, 사랑하지 아니하는 자는 하나님을 알지 못하나니 이는 하나님은 사랑이심이라." 보다시피 사랑하는 자는 그가 하나님으로부터 나서 하나님을 안다고 말씀합니다. 그 사랑이 하나님께 속한 것이어서 사랑의 출처가 하나님이라는 뜻이고, 사랑하는 자의 존재 자체가 하나님 자신과 분리될 수 없다는 의미입니다. 그러므로 사랑은 필연적으로 관계적이어야 하며, 그 관계성을 일으키는 존재가 반드시 수반되어야 합니다. 사랑을 단지 개념적으로만 설명하려는 것만큼 사랑을 모독하는 것도 없습니다.

그리고 8절 후반부를 정확하게 번역하면 이렇게 됩니다. "왜냐하면 하나님이 사랑이시기 때문이다"(because God is love, ESV). 이것은 7-8절 전체의 결론입니다. 7절 후반부와 8절 전반부는 사실상 같은 내용을 뒤집어서 표현한 것입니다. 사랑하는 자마다 하나님으로부터 나서 하나님을 알고(7절 후반부), 그렇기 때문에 사랑하지 않는 자는 하나님을 알지 못한다는 말씀입니다(8절 전반부). 이 부분들을 종합해 보면, 우리가 하나님을 알지 못하고서는 사랑할 수 없다는 뜻입니다. 왜 그렇다고요? "왜냐하면 하나님이 사랑이시기 때문입니다!"

이제 모든 사랑의 출발점을 정확히 알게 되었습니다. 하나님이 어떤 분이시고 우리를 위해 어떤 일을 행하셨는지를 아는 자만이 사랑을 말할 수 있습니다. 사랑이 하나님께 속하고 하나님 자신이 사랑이시기 때문에, 하나님으로부터 나서 하나님을 아는 우리의 모든 사랑은 하나님과의 관계에 기초해야 합니다. 앞으로 사랑을 논할 때 이 사실을 끊임없이 상기시킬 것입니다. 일단 이 한 마디를 덧붙이고 다음 내용으로 넘어가겠습니다.

> "하나님 자신이 사랑이시기 때문에,
> 사랑은 우선 존재적으로 정의되어야 한다."

사랑을 어떻게 정의할까?(2)

사랑을 존재로 정의하면 "사랑은 하나님이시다!"[12]라는 것을 이제 알았습니다. 하지만 그렇게만 말하고 끝내 버리면, 특히 청년들 입장에서는 아쉬움이 남습니다. 사랑의 존재적 정의가 부족해서 아쉽다는 말이 아니라, 연애하는 그들의 오감과 직결되는 방식으로 환언(換言)할 필요가 있다는 뜻입니다.

사랑을 존재적 측면과 함께 '형식적 측면'에서도 정의할 수 있습니다. 이때 말하는 형식은 사랑을 구성하는 요소를 가리킵니다. 그렇다고 하나님을 구성하는 요소를 말하는 것이 절대 아닙니다. "사랑은 하나님이시다!"라고 할 때의 '사랑'은 하나님의 존재 자체를 가리킵니다. [13] 그

★
12) "하나님은 사랑이시다."라는 말을 단순히 뒤집어 표현한 것이지, "사랑이 곧 하나님"이라는 말이 아니다. C. S. 루이스는 '하나님은 사랑이시다'는 진리가 뒤집혀, 사랑이 하나님이 되면 그것은 악마가 된다고 경고한다. C. S. 루이스, 『네 가지 사랑』 이종태 옮김 (서울: 홍성사, 2019), 22-24.

래서 이런 진술을 두고 사랑의 존재적 정의라고 하는 것입니다.

이번에는 다른 차원에서 사랑의 정의를 논증해 보려고 합니다. 조금 전에 말한 사랑의 형식적인 측면입니다. 이때의 사랑은 일반적으로 말하는 '개념적 사랑'을 가리킵니다. 앞서 저는 사랑을 개념적으로만 설명하려는 시도 자체가 사랑에 대한 모독이라고 단언했습니다. 이것은 사랑의 본질과 존재를 '배제한 상태에서만 논하는' 개념적 사랑을 말합니다. 사랑의 실체이신 하나님과의 관계를 배제한 채 단지 개념적이고 추상적으로 논하는 그런 류의 '사랑'을 모독적이라고 언급한 것입니다.

심리학자들이 그런 방식의 연구에 탁월합니다. 그들은 사랑에 관한 여러 이론을 만들어 냅니다. 사랑의 실체(삼위일체 하나님)를 언급하지 않는 것이 결정적인 한계이지만, 개념적 사랑에 관한 통찰력을 어느 정도 얻을 수 있습니다. 예를 들어, 스턴버그(Robert J. Sternberg)라는 학자는 사랑의 3가지 구성 요소가 "친밀감, 열정, 책임"이라고 주장합니다.[14] 이 3가지 요소가 정삼각형을 이룰 때 가장 이상적인 사랑이라고 분석합니다. '사랑의 세모꼴'이라 불리는 그의 이론은 일반 학문에서 여전히 자주 인용되고 있습니다.

하지만 사랑의 구성 요소를 좀 더 단순화시켜, 이것을 존재적 사랑과 연결시키는 작업이 필요합니다. 개념으로 그치는 사랑의 이론은 말

★

13) 하나님의 모든 속성이 곧 사랑이라는 의미가 아니다. 이 책에서 "사랑은 하나님이시다!"라는 표현은 교의학적 차원의 개념이 아니고, 사랑을 존재로 묘사하는 일종의 수사법으로 보면 된다.
14) 정옥분, 『발달심리학(개정판)』 (서울: 학지사, 2014), 523-524.

그대로 이론에 불과합니다. 그렇기 때문에 이번 글에서 논증하는 개념적 사랑은 존재적 사랑을 이미 전제하고 있습니다. 개념적 사랑을 이루는 형식 자체가 존재적 사랑에 기초하기 때문에 그렇습니다. 이게 무슨 말인지는 이제부터 차차 알게 됩니다.

저는 사역 현장에서 "연애와 결혼, 하나님 나라"라는 주제로 10년 이상 강의했습니다. 사역자의 길을 걷기 전까지 소급하면 훨씬 더 오래 전부터 강의하러 다녔습니다. 강의 때마다 청년들에게 사랑이 무엇인지 한 마디로 '정의'해 보라고 합니다. 청년들은 평소에 가장 말하고 싶은 사랑의 개념(?)을 쏟아내기 시작합니다. 대체적으로 이렇게 답변합니다.

"사랑은 상대방을 위해 헌신하는 것이다."
"그녀를 위해 나의 모든 것을 희생하는 것이 사랑이다."
"사랑은 오래 참는 것이다."
"사랑은 끝까지 함께하는 것이다."
"그이가 원할 때 나의 시간을 포기하는 것이 사랑이다."

대답이 끝나면 한 가지 질문을 또 던집니다. 사랑할 때 어떤 증상이 나타나는지 솔직히 대답해 보라고 말합니다. 이 질문에는 대체적으로 이렇게 답변합니다.

"사랑에 빠지면 그이가 보고 싶어진다."
"사랑하게 되면 하루 종일 생각난다."

"사랑하면 심장이 두근거리고 흥분된다."

"사랑할수록 진한 스킨십을 하고 싶다."

"사랑에 빠지니까 행복감이 흘러넘친다."

가만히 들여다보면 흥미로운 점이 발견됩니다. 사랑이 무엇이냐고 말해 보라고 하면, 거의 한결같이 사랑의 의지적인 측면을 언급합니다. 헌신하고, 희생하고, 오래 참고, 끝까지 함께하고, 포기한다는 개념은 모두 의지의 영역에 속합니다. 반면에 사랑할 때 나타나는 증상을 말해 보라고 하면, 거의 한결같이 사랑의 감정적인 측면을 언급합니다. 보고 싶고, 생각나고, 흥분되고, 스킨십을 원하고, 행복감이 넘친다는 개념은 모두 감정의 영역에 속합니다.

이런 현상은 개념적 사랑이 한 가지 형식(요소)으로 정의될 수 없음을 말해 줍니다. 어떤 강사는 "사랑은 감정이 아닌 의지"라고 말하던데, 저는 여기에 동의할 수 없습니다. 제가 보기에 개념적 사랑은 의지와 감정을 동시에 포함하고 있습니다. 사랑을 경험하는 우리가 이미 그 2가지를 모두 인식하고 있습니다. 따라서 사랑은 의지라고만 가르치거나, 사랑을 감정 상태로만 주장하는 것은 전혀 바람직하지 못합니다.

사랑을 구성하는 형식에는 의지와 감정이 모두 포함됩니다. 즉, 개념적 사랑을 이루는 2가지 요소가 '의지'와 '감정'이라는 말입니다. 이제 이 2가지를 어떻게 이해할 것인지를 결정해야 합니다. 분명히 사랑은 의지만도 아니고 감정만도 아니라면, 이 두 요소가 어떻게 상호 작용하여 전체 사랑을 이루는지 밝혀내야 합니다. 일단 이 말을 덧붙이고 다음 내용으로 넘어가겠습니다.

"형식적인 측면에서 정의하자면,
사랑은 감정을 수반하는 의지의 작용이다."

 **사랑은 감정이다?**

이번 글도 '사랑을 어떻게 정의할까?'의 연속선상에 있습니다. 앞 글의 마지막 문장을 다시 떠올려 보겠습니다. "사랑은 감정을 수반하는 의지의 작용이다." 사랑을 형식적인 측면에서 정의할 때 제가 내린 최종 결론입니다.

사랑에 있어서 의지와 감정을 제대로 이해하는 것이 굉장히 중요합니다. 이 두 요소를 어떻게 이해하느냐에 따라 그 사람의 사랑하는 방식이 결정됩니다. 어떤 사람은 사랑을 순전히 감정적인 요소라고 생각합니다. 심지어 연애에 필요한 것이 감수성뿐이며, 연애와 사랑을 두고 "다이내믹한 감정의 파도"라고 말하는 사람도 있습니다.[15] 이성을 향해 끌리는 무언가가 나의 감정 상태로 나타나야 사랑이 싹튼다고 생각하는 것이지요. 예를 들어, 그 사람을 생각할 때 심장이 두근거리고 흥분되는

★
15) 사이몬 후미, 『연애론』, 이소영 옮김 (고양: 봄고양이, 2016), 41.

마음이 생겨야 그(녀)를 사랑한다고 믿습니다.

이런 사람은 자기만 그렇게 생각하는 것이 아니라 상대방도 그렇다고 생각합니다. 나와 마찬가지로 그(녀)도 사랑의 '감정'을 가지고 있어야 나를 사랑하고 있다고 확신합니다. 사랑한다는 모든 기준이 서로의 감정 상태에 있다고 믿는 것입니다.

감정 상태를 사랑으로 믿는 사람은 평소에 어떻게 연애를 할까요? 나와 그(녀)를 어떻게 해서든지 감동시키고 흥분된 감정 상태를 유지하는 데 에너지를 쏟을 것입니다. 사랑한다는 '감정'이 들게 하려고 자기 자신과 그(녀)의 일상에 끊임없는 이벤트를 추구합니다. (부끄러운 고백이지만, 저는 이런 영역에서 굉장히 서툽니다.) 그러다가 어느 날 서로를 향한 감정 상태가 줄어들면 스스로 당황하게 됩니다. 왜냐하면 그(녀)를 사랑하는 마음이 확 줄었거나 심지어 더 이상 사랑하지 않는다고 생각하기 때문입니다. 반대의 경우도 마찬가지입니다. 그(녀)가 나를 사랑하고 있다는 감정이 느껴지지 않으면, 그 사람 역시 나를 더 이상 사랑하지 않는다고 생각해 버립니다.

실제로 이런 커플이 있었습니다. 둘이 연애한 지 한 달 정도 지나 형제가 찾아와서 이제 자신들이 결혼할 거라고 호언장담했습니다. 사랑의 감정이 서로에게 충만한 상태라는 것입니다. 그 순간 이 커플이 얼마 가지 못할 것 같은 생각이 들었습니다. 아니나 다를까 그 후로 얼마 지나지 않아 또다시 그 친구가 찾아왔습니다. 그러고 나서 이렇게 말했습니다. "생각해 보니 제가 자매를 사랑하지 않은 것 같습니다."

맞습니다! 이 친구는 자매를 '제대로' 사랑하지 않은 것입니다. 사랑한다는 기준을 자신의 감정 상태에 두었기 때문에 그런 파국(?)을 맞은 것입니다. 사랑한다는 '감정'이 어느 순간에 소멸되어 스스로 당황해서 그렇게 생각하는 것이지요. 상담 사례로 분석해 볼 때 처음 연애하는 커플일수록 이런 상황을 자주 연출합니다.

그렇다면 사랑하는 데 있어 감정 상태가 전혀 중요하지 않을까요? 절대 그렇지 않습니다. 서로가 열렬한 사랑에 빠지면 당연히 흥분되는 감정으로 충만해집니다. 하지만 정확하게 알아야 합니다. 이때 생겨나는 사랑의 '감정'은 동일한 상태로 계속해서 지속될 수는 없습니다. 사랑한다는 감정 상태가 충만하다가도 시간이 지날수록 그 상태가 소멸되는 시점이 옵니다. 그러다가 어떤 계기로 또다시 처음과 비슷한 상태로 치솟기도 합니다. 다시 말해, 사랑의 감정은 가변적입니다!

생물학자들은 사랑의 감정을 호르몬 분비로 설명합니다. 남녀가 사랑에 빠지면 뇌가 극도로 활성화되어 여러 가지 호르몬을 분비하게 됩니다. 일반적으로 도파민, 페닐에틸아민, 옥시토신, 엔도르핀이 사랑에 관여하는 호르몬입니다. 그래서 이 4가지를 '사랑 호르몬'이라고 부릅니다. 이 중에서 옥시토신은 더 자주 '사랑 호르몬'이라 불리는데, 진한 스킨십을 향한 갈망을 불러일으키기 때문입니다.

이러한 호르몬 분비가 연애 중에 사랑의 '감정'을 결정하고 있습니다. 그런데 문제는 호르몬 분비 상태가 계속 절정을 유지할 수는 없다는 것이지요. 연구자들마다 조금씩 차이가 있지만, 통상적으로 6개월이 지나면 호르몬 분비가 급격히 줄어든다고 합니다. 흥미롭게도 사랑에 빠진 커플들의 뇌를 분석해서 같은 결과를 도출한 실제 실험이 있습니다. [16] 보통 18-30개월 정도 지나면, 같은 대상에게는 호르몬의 영향력이 거의 소멸됩니다. 바로 이때부터 서로의 눈을 멀게 한 '콩깍지'가 벗겨지는 것입니다.

예전에 커플 상담을 한참 진행하면서 흥미로운 사실을 발견했습니다. 청년들이 연애를 시작해서 관계가 틀어지거나 헤어지는 시기가 대략 6개월에서 1년 사이에 집중되어 있었습니다. 처음 연애하는 커플일수록 더욱 그러한 경향을 보였습니다. 나중에 알고 보니 사랑에 빠질 때 시작되는 호르몬 분비 상태와 거의 일치하고 있었습니다. 실제로 청년들의 평균 연애 기간이 6개월에서 1년 정도라는 통계도 쉽게 찾아볼 수 있습니다. 이러한 사실을 간단하게 다음과 같이 그래프로 정리할 수 있습니다.

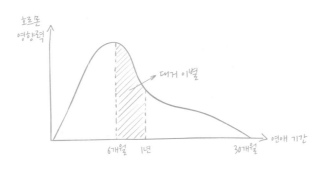

〈호르몬과 연애 기간〉

★
16) 송웅달, 『900일간의 폭풍 사랑』 (서울: 김영사, 2007), 58-64.

종합해 보면, 많은 경우에 연인들은 서로 사랑한다는 기준을 호르몬 분비에 따른 감정 상태에 두고 있습니다. 젊은 혈기에 열정적인 사랑의 '감정'을 느끼고 싶은 건 당연하겠지만, 감정 자체를 사랑으로 믿는 본성(?)에서 벗어나야 합니다. 그렇지 않으면 사랑하는 대상이 자신의 호르몬 분비에 따라 끊임없이 바뀔 것입니다. 사랑하는 데 있어 감정이 참으로 중요한 요소이지만, 감정 자체가 사랑이 아님을 반드시 기억해야 합니다.

사랑은 의지이다?

사랑을 순전히 감정이라고 믿는 사람이 많지만, 사랑을 의지로만 생각하는 사람도 의외로 많습니다. 세상 청년들보다는 교회 안의 청년들이 그런 경향을 보입니다. 사랑을 감정 상태로 믿는 폐해를 극복하려다가 극단으로 치우친 경우일 수도 있고, 원래부터 사랑 호르몬 분비가 취약한 신체 구조를 갖고 있어서 그럴 수도 있습니다.

이번 글에서는 사랑을 의지로만 생각하는 경우를 살펴보고자 합니다. 사랑은 의지라고 믿는 사람은 어떤 방식으로 사랑하고 있을까요? 앞서 언급한 강의 현장의 답변에서 힌트를 얻을 수 있습니다. 사랑이 무엇이냐는 질문에 보통 헌신하고, 희생하고, 오래 참고, 기꺼이 포기한다는 개념으로 답변합니다. 한결같이 의지적인 측면을 강조하는 대답이지요. 신기하게도(?) 사랑할 때 나타나는 증상으로는 보고 싶고, 생각나고, 흥분되고, 스킨십을 원하고, 행복감이 넘친다는 감정적인 측면으로 대답하지만요.

앞서 논증했듯이, 이 2가지 측면이 모두 개념적 사랑에 포함되어 있습니다. 특히 크리스천 청년들이 사랑을 의지적인 측면으로 답변하는 것은 평소에 그런 내용을 많이 접해서인 것 같습니다. 실제로 '사랑 장'이라 불리는 고린도전서 13장이 사랑의 '의지'를 매우 강조하고 있지요.

사랑에는 의지적인 측면이 매우 부각되지만, 그렇다고 사랑을 의지라고만 생각해서도 곤란합니다. 한때 저처럼 감성에 무디고 이성이 발달한 사람일수록 사랑을 의지라고만 생각하는 경향이 강합니다. 청춘 남녀가 사랑에 빠질 때 나타나는 감정의 격동을 터부시하려고 합니다. 이렇게 생각하려는 여러 이유 중의 하나는, 연인 사이에 자연스럽게 나타나는 사랑의 '감정'을 교회에서 죄악시하는(?) 분위기 때문입니다.

물론 요즘에는 분위기가 많이 달라진 것 같습니다. 많은 교회들이 중고생과 청년들을 대상으로 이성교제(또는 연애) 강좌를 개설하여 그런 부분에서 양질의 교육을 제공하고 있습니다. 발달심리학적 진단으로 그치는 경우가 많지만, 하나님의 형상을 지닌 남녀의 자연스러운 감정을 다룬다는 측면은 아주 긍정적입니다.

하지만 저보다 더 예전 세대는 이성 간의 감정을 표현한다는 자체가 사회적으로 터부시되었습니다. 특히 교회 안에서는 불경스럽게 느끼는 분위기였습니다. 믿음의 선배이신 저의 장모님께 직접 들었던 증언입니다. 상황이 이렇다 보니 우리 성도들은 사랑의 '감정'을 분석하고 표현하는 일에 능숙하지 못한 것 같습니다. 저보다 한참 어린 청년들 중에서도 저의 연애 강의를 불순한 것처럼 매도하는 경우도 봤습니다.

여하튼 이런 저런 이유로 사랑을 의지라고만 생각하는 사람들이 많습니다. 이런 사람들이 사랑하는 방식은 다소 인위적이고 강박스럽게 느껴집니다. 그(녀)의 감정과 마음 상태보다는 연애해야 하는 명분과 목적이 자기도 모르게 앞서 있습니다. 연애하고 결혼하는 데 한낱 감정 따위에 휘둘리면 안 된다는 것입니다. 사랑이란 오직 헌신하고, 오래 참고, 계속 희생하고, 내 것을 포기하는 것으로만 이해하려고 합니다. 그 과정에서 일어나는 서로의 감정과 마음에는 별로 관심이 없습니다. 청년기 때는 여성보다는 특히 남성이 그런 경향을 보입니다.

저는 학부 시절에 사회심리학자 에리히 프롬(Erich Fromm, 1900-1980)의 『사랑의 기술』(The Art of Loving)을 읽은 적이 있습니다. 청소년기부터 진지한 연애와 사랑에 관심이 많아서 그런지, 그의 책을 읽는 내내 참신함을 느낄 수 있었습니다. 연애 중에 감정의 격동을 터부시했던 저에게는 마치 여름철의 냉수와도 같았습니다. 사랑을 정의하고 분석하는 데 호르몬 분비에 따른 감정 상태가 중요하지 않았습니다. 실제로 그는 "어떤 사람을 사랑하는 것은 강렬한 감정이 아니다."[17]라고 말했습니다.

사랑을 하나의 기술(an art)로 묘사하는 그의 방식이 당시 저에게는 참 신기했습니다. 음악이나 그림이나 건축과 같은 분야의 '기술'을 터득하는 것처럼, 사랑도 하나의 기술로 접근해야 한다는 것입니다. 사랑을

★
17) 에리히 프롬, 『사랑의 기술』 143.

하나의 강렬한 감정으로 치부하려는 현대인들에게 경종을 울리는 접근입니다.

프롬의 의도를 충분히 공감하지만, 그의 견해를 전적으로 수용하기는 힘듭니다. 사랑의 격동적인 감정 상태가 실제 연인(또는 부부) 관계에 지대한 영향을 미치기 때문입니다. 무턱대고 사랑은 의지적인 기술이라고 외칠 것이 아니라, 우리는 그런 부분에 대하여 성경적으로 진단하고 대안을 제시해야 합니다. 사랑의 감정을 터부시하고 "사랑은 곧 의지"라고만 믿는 사람들에게 균형 잡힌 시각을 제시해 주어야 합니다.

한번 생각해 보십시오. 연인이 서로 사랑한다는 데 정서적 반응이 전혀 없고, 그저 하나의 '기술'로만 서로를 대하면 어떻게 될까요? 실제로 강렬한 감정이 솟구치는데도 거기에 '의지적으로' 반응하지 않고, 철저한 자기 통제력을 가지고 의지적인 기술로만 연애나 결혼생활을 하고 싶나요? 갈수록 '감성남'으로 변하는 저의 입장에서는 생각만 해도 끔찍할 것 같습니다.

사랑, 감정을 수반하는 의지

이제 사랑의 의지와 감정을 통합적으로 이해할 차례입니다. 몇 차례 언급했듯이 형식적인(또는 기능적인) 측면에서 보면, 사랑은 감정을 수반하는 의지의 작용입니다. 이런 결론에 도달하게 된 과정이 있습니다. 사랑은 우선 존재로 정의되어야 한다는 저의 확고한 원칙과, 그 '존재적 사랑'을 '개념적 사랑'으로 표현해야 한다는 저의 신념 때문입니다. 다시 말해, 이 두 측면의 사랑은 각각 다른 영역에 속하지만, 서로 분리되지 않고 총체적으로 표현되어야 한다는 뜻입니다.

학부 때부터 저는 사랑에 있어 의지와 감정의 관계를 어떻게 이해할까를 두고 진지하게 고민했습니다. 그러다가 어느 날 머릿속을 스치는 신학적 원리가 있었습니다. 구원에 있어 믿음과 행함(순종)의 관계성이 떠올랐습니다. 곰곰이 생각하다가 이 신학적 원리야말로 존재적 사랑과 개념적 사랑을 서로 연결시켜 총체적으로 설명하게 하는 단서임을 깨달았습니다.

상기시키는 차원에서 다시 언급하겠습니다. '존재적 사랑'은 삼위 하나님 자신이 사랑이라는 뜻입니다. 사랑은 고정되어 있는 명사가 아니라 변화를 일으키는 동사이자 존재 자체입니다. 이런 맥락에서는 "사랑은 수동적 감정이 아니라 활동"[18]이라는 프롬의 말을 얼마든지 수용할 수 있습니다. 그리고 '개념적 사랑'은 존재적 사랑을 전제로 한, 사랑의 구성 요소(의지와 감정)를 가리킵니다. 형식적인 또는 기능적인 측면에서 사랑을 개념적으로 다루는 영역입니다.

존재적 사랑과 개념적 사랑은 결코 분리될 수 없습니다. 어떤 개념을 다루는 데 있어 한시라도 하나님의 존재와 분리시켜 생각할 수 없기 때문입니다. 모든 일상과 개념은 삼위 하나님을 향해 있을 때만이 우리

★
18) 같은 책, 63.

에게 '살아 있는 의미'로 다가옵니다. 기독론으로 표현하자면, 구속 받은 우리의 이성과 눈은 십자가라는 렌즈를 통해 모든 현상과 개념을 바라보고 해석해야 합니다.

그래서 사랑의 '의지와 감정'을 구원의 '믿음과 행함'의 관계에 대응시키려고 합니다. 앞서 언급한 것처럼, 성경은 하나님과 우리의 관계를 남편과 아내(또는 신랑과 신부)의 관계로 곳곳에서 비유하고 있습니다. 하나님이 제정하신 결혼 제도가 궁극적으로 그리스도와 교회의 신비적 연합을 지향하기 때문이지요. 그렇다면 하나님이 우리를 위해 보여 주신 존재적 사랑의 본질(구원)과, 그 신비적 연합을 드러내는 신랑 신부의 개념적 사랑의 요소(의지와 감정)를 서로 대응시킬 수 있다는 결론이 나옵니다. 한눈에 알아보도록 도표로 정리해 보겠습니다.

도표에서 보듯이, 믿음과 의지가 서로 대응하고 행함과 감정이 서로

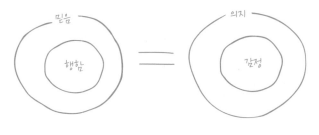

〈존재적 사랑 vs. 개념적 사랑〉[19]

★
19) 정확한 명칭은 "존재적 사랑의 본질 vs. 개념적 사랑의 요소"인데 표현상의 문제로 축약한 것이다.

대응하는 관계에 있습니다. 이렇게 설정한 이유가 있습니다. 우리의 구원이 믿음에 기초하듯이, 우리의 사랑이 의지에 기초하기 때문입니다.

사랑의 근본적인 속성은 '의지'입니다. 무엇보다 성경 본문이 그것을 증언하고 있습니다. 앞서 언급한 고린도전서 13장 4-7절을 한번 보기 바랍니다.

> [4]사랑은 오래 참고 사랑은 온유하며 시기하지 아니하며 사랑은 자랑하지 아니하며 교만하지 아니하며 [5]무례히 행하지 아니하며 자기의 유익을 구하지 아니하며 성내지 아니하며 악한 것을 생각하지 아니하며 [6]불의를 기뻐하지 아니하며 진리와 함께 기뻐하고 [7]모든 것을 참으며 모든 것을 믿으며 모든 것을 바라며 모든 것을 견디느니라

소위 '사랑 장'이라고 불리는 사도 바울의 진술입니다. 사도가 사랑을 묘사하는 방식을 찬찬히 읽어 보십시오. 한결같이 사랑의 의지적인 측면을 부각시키고 있습니다. 흥미롭게도 처음에 '오래 참음'으로 시작해서 마지막에 '견디는 것'으로 끝납니다. 그래서 사랑은 처음부터 끝까지 참고 견디는 것입니다.

문맥상 바울이 '사랑 장'을 삽입하는 까닭은 은사 남용 문제와 관련되어 있습니다. 12장과 14장이 소위 '은사 장'인데, 그 사이에 13장이 뜬금없이(?) 들어가 있습니다. 치밀한 논리에 익숙한 바울의 기질로는 이것 자체가 다분히 의도적입니다. 방언이나 예언과 같은 초자연적인 은사를 활용할 때 영혼을 사랑하는 마음이 반드시 있어야 함을 강조하는

구조입니다. 그렇기 때문에 공동체의 질서와 덕을 위해 오래 참고 견디는 사랑의 의지적인 측면을 부각시키는 것입니다.

이런 문맥이 있음에도 이 본문은 사랑의 보편적인 속성을 동시에 증거하고 있습니다. 사랑 자체이신 그리스도에 대한 묘사를 암시하기도 합니다.[20] 따라서 모든 종류의 사랑을 '사랑 장'에 기초하여 논할 수 있습니다. 연인이나 부부 간의 사랑은 배타적인 관계성을 수반한다는 점에서 다른 종류의 사랑과 다를 뿐이지, 사랑의 보편적인 속성은 모든 종류의 사랑에 그대로 적용됩니다. 이런 이유로 저는 '사랑학'의 최고 지침서가 성경이라고 주장합니다.

아무튼 사랑은 근본적으로 그 뿌리를 '의지'에 두고 있습니다. 이 의지에서 사랑의 '감정'이 흘러나와야 합니다. 이것은 구원론에 있어 우리의 행함(순종)이 믿음에서 파생되어야 한다는 원리와 동일합니다. 도표에서 보듯이, 우리의 믿음은 행함을 포함하는 믿음이고, 사랑의 의지는 감정을 품고 있는 의지입니다. 감정을 품은 이 의지가 이성을 향해 표출되는 것이 사랑의 시작입니다. 그러므로 사랑은 감정을 수반하는 의지의 작용입니다.

이제 우리는 사랑에 있어 의지와 감정을 따로 떼려는 이분법적 사고에서 벗어나야 합니다. 구원이 오직 믿음으로 되는 것이라고 할 때 그 믿음은 이미 행함을 전제하고 있듯이, 사랑의 속성은 의지라고 할 때 그

★
20) 리고니어 미니스트리, 『개혁주의 스터디 바이블』, 2048.

의지는 이미 감정을 전제하는 것으로 이해해야 합니다. 그리고 구원하는 믿음(saving faith)을 소유해도 언제나 행함이 따르는 것은 아니듯이, 사랑의 의지를 가졌다고 해서 항상 감정이 수반되는 것은 아님을 또한 기억해야 합니다.

이런 원리를 뒤집어 보면 큰 통찰력을 얻을 수 있습니다. 도덕적으로 선한 행함이 있다고 해서 반드시 그 사람이 구원하는 '믿음'을 소유했다고 단정할 수 없듯이, 누군가를 향해 남다른 감정이 생겼다고 해서 반드시 사랑의 '의지'를 가졌다고 단정할 수는 없습니다! 왜냐하면 구원 받은 기준이 행함이 아닌 것처럼, 사랑한다는 기준이 감정에 있는 것이 아니기 때문입니다. 평소에 나는 어떻게 사랑하고 있는지 한번 생각해 보기 바랍니다.

'조화' 같은 연애

갈수록 청년들이 '조화'(造花) 같은 연애를 하는 것 같습니다. 연애의 생명력이 없는데도 변함없는 아름다움을 유지하고 싶어 합니다. 이때 말하는 생명력은 사랑의 의지입니다. 둘이 같은 방향을 바라보는 사랑이 아니라, 서로를 쳐다보는 연애에 길들여져 있습니다. 타락한 인간은 본성상 유한한 존재이기에, 서로를 쳐다보며 기대하고 있으면 연애의 생명력을 가질 수 없습니다. 잠시 지속되는 '성적 각성 상태'를 연애의 생명력으로 착각하며 지냅니다.

땅 속에 묻혀 있는 뿌리가 없거나 썩어 가는데도, 땅 위로 보이는 가지와 열매에만 아주 혈안이 되어 있습니다. 자신의 아름다운 모습을 그(녀)에게 계속 보여 주면서도 갈수록 내적 공허함이 밀려오는 청년 커플들이 많습니다. 한때 폭풍 같은 사랑(?)을 했다가도 얼마 지나지 않아 적막한 고요함이 자신들의 사랑을 집어 삼키기도 합니다.

이제는 '조화'스러운 연애를 멈추고 생화(生花) 같은 사랑을 시작해야 합니다. 생화는 때때로 시들기도 하지만, 적당한 환경과 양분이 공급되면 언제든지 원래의 아름다움을 유지할 수 있습니다. 땅 속에 뿌리가 깊이 박혀 있는 생명이기 때문에 그렇습니다.

그래서 청년들에게 당부하고 싶습니다. 한결같은 연애를 너무 좋아하지 말기 바랍니다! 혹시 그(녀)가 나에게 변함없이, 정말 한결같이 아름답고 멋진 모습만 보여 주고 있나요? 그렇다면 한번쯤 의심해 보기 바랍니다. 조화(造花) 같은 연애를 하고 있는지도 모릅니다. 겉보기에 한결같은 아름다움을 유지하지만, 그 안에 생명이 없는 그 '조화'처럼 말입니다.

나 자신도 마찬가지입니다. 변함없는 아름다움을 그(녀)에게 보여 주는 일에 온갖 에너지를 쏟고 있습니까? 사랑의 의지에서 나오는 자연스러운 반응이 아니고서는, 그것은 단지 연애를 잘해 보겠다는 일종의 강박일 뿐입니다. 그(녀)에게 이끌리는 나의 매력이 소멸될까 봐 두려워하는 반증일지도 모릅니다.

이제 우리는 연애의 생명력을 회복해야 합니다. 사랑의 감정은 변할 수 있지만 사랑의 의지는 둘이 한 방향을 향해 '뿌리를 내리게 되면' 불변할 수 있음을 기억해야 합니다. 가변적인 감정 상태보다 훨씬 불변적인 의지의 작용에 더 큰 관심을 가져야 합니다. 연애 중에 그(녀)가 한결같지 않음을 자연스럽게 받아들이는 마음의 여유를 가져 보기 바랍니다.

그러고 나서 본격적으로 해야 할 일이 있습니다. 사랑의 의지를 어떻게 뿌리내리게 할 것인가를 두고 서로가 진지하게 고민해야 합니다. 이 의지는 결혼이라는 '상대적 실체'를 향한 첫걸음입니다. 그리스도와 교회의 신비적 연합(궁극적 실체)을 온몸으로 증거하는 결혼생활을 향한 발걸음입니다. 크리스천 청년들의 연애가 세상의 그들과 달라야 하는 이유가 바로 이 지점에 있습니다. 그럼 어떻게 해야지 연애 중에 사랑의 의지가 뿌리내리게 될까요?

사랑을 지탱하는 이것!

재차 언급하지만, 사랑은 감정을 수반하는 의지의 작용입니다. 사랑의 감정에 이끌려 연애를 시작하기는 쉬운데, 감정이 소멸된 후에 연애를 지속하는 데는 '의지'가 필요합니다. 청춘 남녀가 연애를 시작할 때 버겁다고 느끼지 않는 것은 호르몬 분비가 극도로 활성화되기 때문입니다. 이때는 그야말로 폭풍 같은 사랑이 가능하지요. 연애 초기에는 그냥 자발적인 이끌림의 연속입니다.

이처럼 사랑 호르몬은 연인들이 관계를 지속하는 데 폭발적인 힘을 제공합니다. 그러나 시간이 지나면서 연인들은 사랑이 식는다고 서서히 느끼기 시작합니다. 이때 사랑이 식는다는 말은 호르몬 분비가 줄어 듦에 따라 서로를 향한 '감정'이 식는다는 뜻입니다. 이 순간부터는 사랑을 이루는 또 다른 요소가 작동해야 합니다. 사랑의 두 요소 중에 '의지'가 있다고 계속 강조함을 이미 눈치 채고 있지요?

사랑에 있어 의지의 중요성은 일반 학문에서도 강조하고 있습니다. 심리학자들은 물론 의사들도 동일하게 말합니다. 이탈리아의 피사대학교 의대 정신과 마라제티 교수의 말을 그대로 소개하겠습니다.

> 호르몬이 없다고 해도 인간의 의지가 있는 한 사랑은 사라지지 않습니다. 우리는 의지의 중요성을 종종 망각하곤 하지만, 한 사람을 온전히 사랑하기 위해서는 많은 노력이 필요하다는 것을 잊어서는 안 됩니다.[21]

사랑에 빠진 열두 커플을 대상으로 연구한 전문가의 말입니다. 호르몬 분비가 없다고 해서 사랑까지 사라지는 것은 아니라고 강조합니다. 우리 인간에게는 '의지'가 있기 때문이라는 거지요. 호르몬의 영향력이 소멸되어 사랑의 콩깍지가 벗겨지면, 그때부터 연인들에게 필요한 것이 사랑의 의지라는 전문가의 조언입니다.

사랑에 있어 의지를 강조하다 보면 어느 순간에 질문이 떠오르기 시

21) 송웅달, 『900일간의 폭풍 사랑』, 68.

작합니다. '내가 이 사람을 향해 사랑의 의지를 왜 가져야 하지?'라는 질문입니다. 실제로 청년들을 대상으로 강의하다 보면 그런 질문을 자주 받습니다. 사랑은 감정을 수반하는 의지의 작용이라고 계속 강조하니까, 그렇다면 무슨 기준으로 사랑의 의지를 작용시키는지 궁금하다는 것입니다.

이런 질문은 필연적인 것입니다. 폭풍 같은 사랑의 '감정'에 사로잡혀 있을 때는 생각조차 안 하는 질문입니다. 아니, 생각할 겨를도 없이 서로에게 이끌려 성적 각성 상태로 충만해져 있었습니다. 그러다가 콩깍지가 벗겨지면서 그런 질문을 누구나 하게 되어 있습니다. 처음부터 사랑의 의지를 생각하기도 하지만, 그렇지 않은 사람이라도 감정이 소멸되기 시작하면 반드시 그런 질문을 하게 됩니다. 다만 '왜 굳이 이 사람이어야 하나?'라는 말로 다르게 표현할 뿐입니다.

이제 서로를 쳐다보는 단계를 벗어나야 할 때가 왔습니다. 앞서 인용했듯이, 사랑은 같은 방향을 바라보는 것입니다. 크리스천 연인들의 사랑을 지탱해 주는 것이 바로 이 "같은 방향"입니다. 세상의 그들도 같은 방향을 바라보자고 하지만 그 방향의 실체가 없습니다. 그들이 말하는 같은 방향은 하나의 추상적인 개념이나 결국 서로가 정하는 막연한 관념일 뿐입니다. 그렇기 때문에 "매 순간의 작은 확신이 모여서 사랑을 지탱한다."[22]는 말로 서로를 위로할 뿐입니다. 그 확신의 근거는 자신들

★
22) 최유수, 『사랑의 목격』 (서울: 허밍버드, 2020), 88.

이 빚어내는 내면의 심리 상태입니다.

하지만 크리스천 청년들은 달라야 합니다. 우리에게는 확신의 근거가 분명히 있고, 모든 연인이 바라봐야 할 "같은 방향"이 있습니다. 그것도 뚜렷한 실체가 있는 "같은 방향"입니다. 사랑하는 연인들은 물론이고 크리스천 모두가 존재를 걸어야 할 최종 지향점입니다. 이게 무엇인지는 서두에서 대략 밝혔지만, 이제 다음 장에서 본격적으로 다루겠습니다.

1. 평소에 내가 생각하는 사랑의 정의를 자유롭게 표현해 보라.

2. 사랑은 관계적이어야 한다는 말을 특별히 우리가 믿는 복음과 관련하여 자기 언어로 설명해 보라.

3. 폭풍 같은 사랑을 해 본 적이 있는가? 당시에 그(녀)를 향한 나의 정서 상태나 몸의 반응이 어떠했는지 진솔하게 나누어 보라.

4. 사랑의 의지와 감정 중에 내가 사랑하는 방식은 주로 어느 쪽인가? 혹시 연애 중이라면 현재 상태는 어느 쪽에 가까운가?

5. "사랑은 감정을 수반하는 의지의 작용"이라는 말을, 믿음과 행함의 관계성에 빗대어 다시 한 번 설명해 보라.

제3장

연애를 위한 성경적 원리

"같은 방향"의 실체

앞서 저는 '모든 일상의 지향점'을 언급했습니다. 우리의 모든 일상과 직결되어 있는 이것은, 현재 진행되고 있고 장차 완성될 영광스러운 하나님 나라입니다. 지금 상태의 세상과는 비교할 수 없는 "새 하늘과 새 땅"(계 21:1)으로 변할 그 나라입니다. 이 하나님 나라와 그 안에 약속된 모든 복들이 우리가 바라봐야 할 "같은 방향"의 실체입니다.

크리스천 연인들이 이 실체를 우선 자기 영혼에 새길 수 있어야 합니다. 사랑의 의지를 작용시킬 수 있는 궁극적 실체이자 근거이기 때문입니다. 폭풍 같은 사랑의 감정이 시들고 나면, 그때부터는 사랑을 지탱하는 이유를 외부에서 찾기 시작합니다. 불타는 감정으로 충만한 그 시기에는 자신들의 내면을 보고 '우리의 사랑이 마치 영원할 것'이라고 착각합니다. 아무도 흔들 수 없는 감정의 격동에 사로잡혀 있기 때문이지요. 감성이 이성을 압도하는 상태라고 볼 수 있습니다.

그러다가 사랑 호르몬이 소멸되면, 이성이 회복되어 제정신이 들기 시작합니다. 이때 2가지 반응이 나타납니다. 자신이 그(녀)를 더 이상 사랑하지 않는다고 반응하든지, 아니면 사랑하는 이유를 감정 상태가 아닌 다른 곳에서 찾아야 한다는 반응입니다. 나 자신은 어느 쪽인지 스스로 생각해 보기 바랍니다.

이제 사랑의 의지를 작용시킬 수 있는 이성이 회복된 상태입니다. 이때 우리는 세상의 그들과는 달리 의지의 뿌리를 "같은 방향"에 두어야 합니다. 이것이 사랑의 의지를 지탱하게 하는 외부의 힘이기 때문입니다. 또한 이것은 모든 크리스천이 바라봐야 할 궁극적인 실체이자 장차 완성될 하나님 나라(천국)입니다. 다르게 표현하면, 연인들이 바라봐야 할 같은 방향은 '하나님의 비전'입니다.

그렇다면 '비전'이 무엇이라고 생각하나요? 비전의 사전적 정의는 "내다보이는 장래의 상황"[23]인데, 흔히 개인적인 꿈이나 목표 또는 계획을 의미합니다. 하지만 성경이 말하는 비전은 우리의 개인적 차원을 뛰어넘어 하나님의 꿈과 계획을 가리킵니다. 비전(vision)은 라틴어 '비데르'(videre)에서 나온 말인데 '보다'라는 뜻을 지니고 있습니다.[24] 헬라어 동사 '호라오'(ὁράω)와 뜻이 같습니다.[25] 이 단어가 들어 있고 하나님의 '비전'이 담긴 성경 본문은 요한계시록 7장 9-12절입니다.

[9]이 일 후에 내가 보니 각 나라와 족속과 백성과 방언에서 아무도 능히 셀 수 없는 큰 무리가 나와 흰 옷을 입고 손에 종려 가지를 들고 보좌 앞과 어린 양 앞에 서서 [10]큰 소리로 외쳐 이르되 구원하심이 보좌에 앉으신 우리 하나님과 어린 양에게 있도다 하니 [11]모든 천사가 보좌와 장로들과 네 생물의 주위에 서 있다가 보좌 앞에 엎드려 얼굴을 대고 하나님께 경배하여 [12]이르되 아멘 찬송과 영광과 지혜와 감사와 존

★

23) "비전", 『국립국어원 표준국어대사전』, https://stdict.korean.go.kr/search/searchResult.do?pageSize=10&searchKeyword=비전 (2020년 3월 9일 검색).
24) 가톨릭대학교 고전라틴어연구소, 『라틴-한글 사전』(서울: 가톨릭대학교출판부, 2004), 1013.
25) William Arndt, Frederick W. Danker, and Walter Bauer, *A Greek-English Lexicon of the New Testament and Other Early Christian Literature* (Chicago: University of Chicago Press, 2000), 279.

귀와 권능과 힘이 우리 하나님께 세세토록 있을지어다 아멘 하더라

9절의 "보니"에 해당하는 헬라어가 영어의 '비전'이라는 말과 그 뜻이 똑같습니다. [26] 이 본문은 주께서 사도 요한에게 보여 주신 장면이고, 사도는 그것을 바라보고 있습니다. 그래서 비전은 주님이 보여 주시는 것을 우리가 바라보는 것입니다.

사도가 무엇을 바라보고 있습니까? 하나님 나라의 최종적인 완성을 바라보고 있습니다. "아무도 능히 셀 수 없는 큰 무리", 즉 어린 양 예수님을 믿는 모든 성도들이 천사들은 절대 알 수 없는 하나님의 "구원하심"을 큰 소리로 외쳐 부르고 있습니다. 천사들은 구원을 경험해 본 적이 없기 때문에 우리처럼 지고(至高)의 감격을 누릴 수 없습니다. 하나님은 우리가 천사들과 함께 당신을 영원토록 찬양하는 그날을 꿈꾸고 계십니다. 이것이 바로 "같은 방향"의 실체이며 하나님의 비전입니다.

하나님이 보여 주시는 바를 우리가 바라보는 것이 비전이기 때문에, 하나님의 비전이 곧 우리의 비전입니다. 나의 단기적인 목표와 계획이 궁극적인 비전인 것처럼 생각하지 말아야 합니다. 하나님이 사도 요한에게 보여 주신 저 본문의 내용이 우리 모두의 궁극적인 비전이 되어야 합니다!

"새 하늘과 새 땅"이 임하여 온 세상이 하나님의 영광과 임재로 충만

★
26) 부연하자면, "보니"에 해당하는 헬라어 동사 ὁράω(원형)가 라틴어 본문에 videre(원형)라고 번역되어 있고, 바로 이 라틴어 동사에서 vision이라는 말이 나온 것이다.

하게 될 그날을 정말로 꿈꾸고 있습니까? 그리스도를 믿는 모든 자들과 함께 더 이상 죄와 슬픔과 고통과 사망이 없는 그 나라에서 세세토록 삼위 하나님을 찬양하는 그날이 참으로 기다려집니까? 우리의 모든 눈물을 친히 닦아주실 하나님의 손길을 진짜로 그리워하고 있나요? 그리스도와 교회의 신비적 연합을 완벽하게 누리게 될 '오는 세상'을 실제로 의식하며 살아가고 있나요?

정말이지 저는 그날이 빨리 오기를 학수고대하고 있습니다. 갈수록 기근과 재난과 전염병이 창궐하는 이 세상을 주께서 속히 오시어 완전한 상태로 회복시켜 주시기를 간절히 소망하고 있습니다. 우리는 죄로 오염된 세상에서 떠나는 것을 최종적인 구원으로 착각하지 말아야 합니다! 우리의 영혼이 일시적으로 거하는 '낙원'에서 마치 영원히 거하게 되는 것처럼 생각해서는 안 된다는 뜻입니다. "새 하늘과 새 땅"으로 변화된 이 세상에서 영광스러운 부활체를 입고 하나님과 함께 영원토록 살아갈 그날이 우리의 최종적인 구원이자 하나님 나라의 완성입니다.

따라서 현재 우리의 모든 일상은 그날을 향해 수렴되고 있습니다. 연애와 결혼까지도 결코 예외일 수 없습니다. 특히 사랑에 빠진 연인들이 이 사실을 명심해야 합니다. 사랑은 서로 쳐다보는 것이 아니라, 둘이서 "같은 방향"을 바라보는 것입니다. 사랑의 감정이 소멸되면 그 방향으로 사랑의 의지를 고정시켜야 합니다. 아니, 할 수만 있다면 폭풍같은 사랑에 빠져 있을 때조차도, 넘쳐나는 그 에너지를 "같은 방향"으로 쏟아 부을 수 있어야 합니다.

의지를 어떻게 세울까?⑴

연애 중에 사랑의 의지를 뿌리내리게 하려면 어떻게 해야 할까요? 이미 던졌던 질문인데, 이제 답을 할 차례입니다. 바로 앞 글에서는 모든 크리스천이 궁극적으로 바라봐야 할 실체에 대해 설명했습니다. 여기에는 연인이나 부부도 예외가 될 수 없습니다.

그렇다면 연인들은 결혼으로 이어지게 하는 데 필수적인 사랑의 '의지'를 무슨 기준으로 세워야 할까요? 이제 하나님이 주신 '사명'을 떠올려야 합니다. 우리는 마냥 서로의 사랑을 즐기는 존재가 아니라, 사명을 감당하는 그분의 피조물임을 기억해야 합니다. 결론부터 말하면, 사랑의 의지를 지탱하는 외적인 근거는 하나님의 비전이지만, 사랑의 의지를 작용시키는 내적인 기준은 서로의 사명입니다.

무슨 말인지 좀 더 설명하겠습니다. 사랑의 의지는 우리의 궁극적인 비전(하나님의 비전)을 위해 이성을 사랑하려는 갈망을 가리킵니다. 즉, 아직 대상이 정해지지 않아도 연애를 하고 싶다는 의지 자체를 뜻하는 것입니다. 물론 현실은 하나님의 비전과 상관없이 나에게 끌리는 대상을 만나려는 경우가 많습니다. 이런 부분을 교정해 주는 것이 이 책의 목적 중 하나입니다.

연애를 시작한 청년들은 언젠가 결혼 여부를 두고 결단해야 할 시점이 옵니다. 그때 무엇을 기준으로 사랑의 의지를 계속 작용시킬 것인지 진지하게 고민하게 됩니다. 그 기준은 서로의 '사명'이 되어야 합니다. 이것은 성령의 이끄심에 대하여 내 안에서 일어나는 반응이기 때문에,

사랑의 의지를 작용시키는 내적인 기준이 됩니다.

많은 크리스천 연인들이 착각하고 있습니다. 서로 사랑한다는 이 사실 하나로 결혼생활이 행복해질 수 있다고 말입니다. 물론 사랑 호르몬이 지속되는 한 그들이 말하는 행복이 사실(?)일지도 모르겠습니다. 그러나 앞서 논증했듯이, 아무리 폭풍 같은 사랑이라도 불타는 그 감정이 소멸되는 시점이 반드시 찾아옵니다. 만일 불타는 상태가 평생 지속되면 부부가 정상적으로 생활할 수 없습니다. 이게 무슨 말인지 모르겠으면, 사랑에 빠져 서로에게 미쳐 있는 커플을 떠올려 보기 바랍니다.

우리 피조물은 궁극적으로 하나님 때문에 행복을 누릴 수 있습니다. "오로지 [하나님] 당신 때문에 행복할 따름입니다!"[27]라고 말한 아우구스티누스(Aurelius Augustinus, 354-430)의 고백을 마음에 새기기 바랍니다. 하나님이 연인에게 불타는 사랑의 감정을 일시적으로 맛보게 하시는 것은, 바로 하나님 당신이 우리를 그토록 열렬히 사랑하고 계심을 깨닫게 하시기 위함입니다. 유한한 육체로는 폭풍 같은 사랑의 감정을 계속 감당할 수 없기에, 우리의 건강과 생명을 위하여 당신께서 그 감정을 거두시는 것입니다.

이제 연인들은 불타는 사랑이 행복한 결혼생활을 가능하게 한다는 생각을 내려놓아야 합니다! 연인들은 물론 결혼한 부부 역시 하나님의 비전에 사로잡혀 그분이 주신 사명감으로 무장되어 있을 때 참된 행복

★
27) 아우구스티누스, 『고백록』, 성염 옮김 (파주: 경세원, 2016), 172.

을 누릴 수 있습니다. 사람의 제일 되는 목적이 무엇이라고 알고 있습니까? "하나님을 영화롭게 하고 영원토록 그분을 즐거워하는 것입니다."[28] 하나님을 높이고 하나님을 즐거워할 때 연인들이 참된 목적과 행복을 누릴 수 있다는 사실을 꼭 기억해야 합니다.

결혼을 위한 원리로 '사명'을 주신 분은 하나님이십니다. 창세기 2장에는 인류 최초의 '연애이자 동시에 결혼'이 소개되어 있습니다. 하나님께서 아담을 깊이 잠들게 하시고 그의 갈빗대 하나를 취해 여자를 만드셔서 아담에게로 이끌어 오셨습니다. 저는 이 장면을 상상할 때마다 결혼식장에서 신부의 아버지가 딸의 손을 잡고 입장하는 모습이 계속 떠오릅니다. 인류 최초의 결혼식이 오늘날에도 재현되고 있다는 의미로 해석합니다.

여하튼 최초의 연애이자 결혼이 성사되기 전에 아담은 무엇을 하고 있었습니까? 다른 동물을 보며 자신에게 짝이 없다는 이유로 막연하게 외로워하고 있었을까요? 그전에 하나님은 아담을 '이끌어' 에덴 동산에 두어 그곳을 경작하며 지키게 하셨습니다(창 2:15). 아담은 하나님의 이끄심에 대한 반응으로 에덴 동산을 열심히 경작하며 지키는 '사명'을 감당하고 있었습니다.

바로 이러한 맥락에서 인류 최초의 연애이자 결혼이 이루어졌습니다. 따라서 연애와 결혼은 처음부터 하나님이 주신 사명과 직결되어 있

★
28) 웨스트민스터 소교리문답 1. 웨스트민스터 총회, 『원문을 그대로 번역한 웨스트민스터 소교리문답(영한 대조)』, 권율 옮김 (서울: 세움북스, 2018), 20.

었습니다. 우리 모두는 하나님이 주신 사명을 누구나 가지고 있습니다. 다만 그것을 인식하지 못하는 사람이 있을 따름입니다.

하나님은 죄인을 구원의 상태로 부르시고,[29] 하나님의 비전을 성취하는 데 기여하도록 반드시 사명을 부여하십니다. 이때 사명으로 우리를 부르시는 것을 '사명적 소명'(missional calling)이라고 부릅니다. 구원의 상태로 부르심(효력 있는 부르심)을 받은 사람은 반드시 하나님의 비전 성취를 위한 사명으로 또한 부르심을 받습니다. 이 두 측면의 부르심은 구별될 필요가 있지만 결코 분리될 수는 없습니다.

다메섹으로 가는 길에 빛으로 찾아오신 부활의 주님은 '박해자' 사울(바울)을 부르시고, 아나니아를 통해 열방을 향한 전도자의 사명을 부여하셨습니다(행 9:15-16). 물론 바울만의 독특한 체험적인 성격도 있지만, 우리를 구원의 상태로 부르신 후에 또한 사명으로 부르시는 그분의 원리는 모두에게 동일합니다. 실제로 사도 바울은 서신의 곳곳에서 하나님의 부르심과 사명을 연결시키고 있습니다.[30]

하나님의 절대 주권이라는 맥락에서는 우리 각자의 사명이 정해져 있지만(수동적 측면), 그분의 이끄심에 대한 우리의 반응이라는 측면에서는 적극적으로 그 사명을 개척해 나가야 합니다(능동적 측면). 하나님이

---

29) 교리 용어로 '효력 있는 부르심'(또는 '유효적 소명')이라고 한다. 웨스트민스터 소교리문답에 잘 정리되어 있다. 31문. 효력 있는 부르심이 무엇입니까? 답. 효력 있는 부르심은 하나님의 성령의 사역인데, 우리의 죄와 비참함을 깨닫게 하시고, 그리스도를 아는 지식으로 우리의 마음을 조명하시며, 우리의 의지를 새롭게 하셔서, 복음 가운데 우리에게 값없이 제시된 예수 그리스도를, 우리를 설득하심으로 우리가 영접할 수 있게 하시는 것입니다. 웨스트민스터 총회, 『원문을 그대로 번역한 웨스트민스터 소교리문답』 53.
30) 김세윤, 『칭의와 성화』 (서울: 두란노, 2013), 224.

아담을 에덴 동산으로 '이끄셨지만' 그곳을 경작하며 지키는 사명을 아담이 '능동적으로' 감당했다는 사실을 기억하기 바랍니다. 아직 하나님이 사명을 주시지 않아서 그냥 살아갈 수밖에 없다는 말은 그분의 주권에 대한 모독입니다. 하나님의 절대 주권을 신뢰한다면, 우리가 반응하는 그 순간에도 그분의 이끄심을 굳게 의지하면서 능동적으로, 또 진취적으로 자신의 사명을 개척하고 발견해 낼 수 있습니다. 이에 대한 더 깊은 논의는 이 책의 성격을 벗어나는 것 같아서 나중에 또 다른 책에서 다루도록 하겠습니다.

하나님의 비전과 그분의 부르심(소명)과 우리의 사명은 절대 분리될 수 없습니다. 심지어 그 사명을 실현하기 위한 모든 일상(연애와 결혼까지)과 계획도 따로 떼어 생각할 수 없습니다. 우리의 존재 자체가 하나님의 비전 성취와 관련되어 있기 때문입니다. 한눈에 알아보도록 도표로 정리해 보겠습니다.

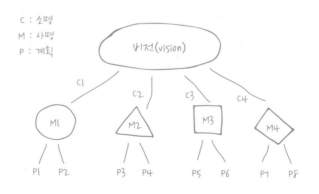

〈비전 vs. 소명 vs. 사명〉

보다시피 모든 일상과 계획(plan)은 결국 하나님의 비전으로 수렴됩니다. 또 우리의 일상과 계획은 사명(mission) 실현을 위한 요소로 작용하고 있습니다. 이 사명으로 이끄시는 하나님의 부르심(calling)이 또한 섭리로 작용하게 됩니다. 그리고 이 모든 것은 한데 아우러져 하나님의 비전(vision) 성취에 기여하고 있습니다.

그렇기 때문에 크리스천 연인들은 불타는 사랑을 누리면서도 하나님의 비전과 소명과 사명을 의식하고 있어야 합니다. 특히 결혼을 위해 서로의 사명을 확인하고 조율하는 과정을 반드시 거쳐야 합니다. 결혼이 하나님의 비전 성취에 기여하고 그리스도와 교회의 신비적 연합을 증거한다고 확신하는 사람은, 그(녀)를 사랑한다는 이유만으로 결혼 여부를 결정하지 않습니다. 그(녀)와 결혼해서 하나님 나라의 완성(세계 복음화)에 얼마나 헌신하고, 또 사명을 한 방향으로 조율하여 얼마나 효과적으로 펼쳐낼지 진지하게 고민합니다. 보통은 결혼하고 뒤늦게 깨닫는데, 결혼 전부터 이런 원리를 깨닫고 준비하는 커플에게는 하늘의 복이 임할 것입니다.

 의지를 어떻게 세울까?(2)

좀 더 구체적으로 말해 보겠습니다. 사랑의 의지를 뿌리내리게 할 때 서로의 '사명'이 기준이 되어야 한다면, 실제 상황에서 어떻게 그 원리를 적용할 수 있을까요? 동원되는 용어가 좀 낯설 뿐이지 생각보다 간단합니다.

예전에 저는 선교한국(Mission Korea) 대회에 참석한 적이 있습니다. 거기에서 나온 질문 중에 연애와 관련된 것이 있었습니다. 사랑에 빠진 커플을 두고 한 질문이었습니다. 형제는 해외선교의 사명을 받아 열심히 준비하는 중이고, 자매는 국내선교를 자신의 사명으로 여기고 있었습니다.

그런데 문제는 각자 사명에 대한 그 둘의 확신이 흔들리지 않는다는 것입니다. 이런 경우에 어떻게 해야 하는지 분과 강의에서 누가 질문을 던진 모양입니다. 강사도 제대로 답변을 못했다면서 어느 자매가 저희 조모임 때 조심스럽게 말을 꺼냈습니다. 역시 아무도 말을 안 해서 할 수 없이 제가 말을 이어갔습니다. 당시에 저는 결혼한 상태였기 때문에, 또 사춘기 때부터 연애에 대한 고민을 진지하게 했기 때문에 이 책에 나오는 원리대로 소신껏 답을 했습니다.

각자가 받았다고 하는 사명이 절대 흔들리지 않으면 어떻게 해야 할까요? 그런데도 서로를 사랑하는 마음이 충만하다면 어떻게 해야 할까요? 그래서 결혼하고 싶다는 생각이 계속된다면 그 둘은 어떤 결정을 내려야 할까요?

우선 이런 고민 자체가 사랑 하나만으로 결혼을 결정할 수 없음을 이미 반증하고 있습니다. 결혼하는 데 유일하게 필요한 것이 사랑이라면 그런 갈등 자체가 있을 수 없기 때문입니다. 이 커플이 갈등하는 것은 서로 사랑하는 마음은 충만한데, 서로가 하나님께 받았다고 하는 사명이 흔들리지 않는다는 것입니다. 만일 이런 경우로 상담하러 찾아온다면 어떻게 조언하는 것이 가장 지혜로울까요?

저는 3가지 경우로 나누어 답변했습니다. 먼저, 각자의 사명을 절대적으로 확신하는지 다시 점검해 보라고 했습니다. 만일 형제는 해외선교를 절대 포기할 수 없고 자매는 국내선교를 결코 포기할 수 없다면, 사랑의 의지를 뿌리내리게 하는 것은 더 이상 불가능합니다. 다시 말해, 그 둘은 헤어질 수밖에 없습니다. 사랑하지 않기 때문에 헤어지는 것이 아니라, 사랑하기 때문에 서로의 사명을 존중하는 마음으로 헤어지는 것입니다.

다음으로, 형제나 자매 중에 사명의 방향을 한쪽으로 맞춰 줄 수 있는지 고민해 보라고 했습니다. 아무리 자기가 확신하는 사명이라도 그것이 성경처럼 절대 권위를 가질 수는 없습니다. 자신의 확고한 생각을 때로는 내려놓을 줄도 알아야 한다는 뜻입니다. 그(녀)를 사랑하기 때문에 나의 사명을 내려놓고 그(녀)의 사명에 즐거이 맞추는 것입니다. 그러고 나서 그(녀)의 사명이 곧 나의 사명이라고 확신할 수 있어야 합니다.

마지막으로, 서로 대화하면서 사명의 방향을 조율할 수 있는지 생각해 보라고 했습니다. 형제의 해외선교 사명과 자매의 국내선교 사명을 한 방향으로 재조정하는 것입니다. 예를 들어, 국내에 거주하는 외국인 선교를 고려한다거나, 아니면 국내선교와 연계하는 해외사역을 생각해 볼 수 있습니다. 이것은 각자의 사명을 포기하고 타협하는 차원이 아닙니다. 오히려 그 커플의 마음을 헤아리시는 하나님의 섭리로 자연스럽게 이루어지는 것입니다.

여하튼 두 번째와 세 번째 경우는 사랑의 의지가 뿌리내리게 되는 상황입니다. 하나님의 비전 성취[31]를 위하여 결혼을 향해 본격적인 발걸음을 시작하는 경우이지요. 여기에서 알 수 있는 원리가 있습니다. 폭풍 같은 사랑을 하면서도 서로의 사명을 확인하고 조율하는 과정이 바로 연애라는 것입니다. 이처럼 연인들의 사랑은 사랑 그 자체에 의미가 있는 것이 아니라, 하나님이 이끄시는 공통된 사명에 진지하게 반응할 때 참된 의미를 지닙니다.

서로의 사명을 고려하여 결혼을 향한 사랑의 의지를 세울 때 몇 가지 주의 사항이 있습니다. 첫째, 내가 확신하는 사명이 그(녀)를 재단하는 기준이 되어서는 안 됩니다. 다시 말해, 나의 사명을 위해 상대방을 수단화하지 말아야 합니다. 나의 '위대한' 사명에 그(녀)가 부합하는지 그렇지 않은지를 계속 따지고, 거기에 걸맞은 짝을 발굴해야 한다는 식으로 접근하면 안 된다는 것입니다. 이런 태도 자체가 사랑의 인격적인 속성에 정면으로 위배됩니다. 자기 사명감에 지나치게 사로잡혀 있는 사람일수록 그런 강직한 태도를 자주 보입니다.

둘째, 자신의 사명을 아직 발견(또는 발굴)하지 못한 상태라도 연애하는 중에 그(녀)를 통해 사명이 생겨날 수 있음을 알아야 합니다. 반대의 경우도 마찬가지입니다. 하나님은 연애 과정 자체를 사명으로 부르시는 방편으로 사용하실 수 있습니다. 따라서 '사명 미발굴자'라고 해서 스스로 주눅 들거나 정죄당하는 경우는 없어야 합니다. 아직 결혼 상태만

★

31) 하나님 나라의 완성(세계 복음화)을 가리키는 것이며, 또 그리스도와 교회의 신비적 연합을 실체적으로 (substantially) 누리는 것을 의미한다.

큼 온전한 사랑은 아니지만, 연애 때부터 상대방의 조건이나 상태를 보고 사랑하는 방식은 지양해야 합니다.

셋째, 사명과 직업을 동일시하는 오류를 범하지 말아야 합니다. 상담을 하다 보면 많은 경우에 직업을 기준으로 생각하고 있습니다. 직업은 사명을 실현하는 수단이고 방편이지, 사명 그 자체는 아닙니다. 사명은 직업을 수단으로 하여 주께서 섭리하시는 삶의 현장을 복음으로 섬기는 것입니다. 따라서 직업이 똑같거나 다르다고 해서 이 자체가 사랑의 의지를 세우는 기준이 되어서는 곤란합니다. 직업이 동일해도 사명과는 거리가 먼 연애나 결혼이 있고, 직업이 달라도 사명자로서 서로 함께하는 연애와 결혼이 있습니다.

정리하자면, 결혼을 향한 사랑의 의지를 세우는 기준은 서로의 사명입니다. 크리스천 청년들은 사랑 하나만으로 결혼하는 것이 아님을 알아야 합니다. 결혼하는 데 사랑이 필요한 요소이지만 '필요충분조건'은 아닙니다. 불타는 사랑을 하면서도 하나님 나라를 위해 서로의 사명을 확인하고 조율하는 연인들이 많아지기를 소망합니다.

 ## 사명과 관련된 연애담

이 책의 특성상 저의 에피소드를 소개하는 것도 좋을 듯합니다. 저는 결혼 15년차 목사입니다. 중학교 시절에 교회 수련회에서 목사와 선교사에 대한 소명(부르심)을 받고, 그 후로 사역자의 길을 준비하고 있었습니다. 군생활 중에 소명을 잠시 저버렸지만 주님의 극적인 은혜를 경험하고 또다시 순종했습니다.

전역한 후에 복학해서 학업에 전념하는 중에 현재 아내를 소개받게 되었습니다. 저는 이미 사역자의 길을 준비하고 있었기 때문에 처음부터 사실대로 밝혔습니다. 혹시 나랑 연애하다가 결혼까지 가게 되면 사역자의 아내가 될지도 모른다고 말입니다. 더욱이 저의 골치 아픈 집안 사정(가정폭력, 이혼가정)까지 솔직하게 다 나누었습니다.

놀랍게도 그녀는 이전에 만났던 자매들과는 달리 그냥 '쿨(cool)하게' 연애를 시작하겠다고 했습니다. 앞서 밝힌 대로, 저는 좀 별나게 연애 시절을 보냈습니다. 카페에서 만나 영어 성경을 같이 공부하기도 하고, 심지어 자취방에서 기도회를 함께 가지기도 했습니다. 남들이 보기에는 당시 저 때문에 그녀가 무지하게 지루했을 것 같은데, 당사자의 고백에 따르면 그때에 정말로 성령 충만한 은혜를 누렸다고 합니다. 못 믿겠으면 직접 물어봐서도 됩니다.

저는 연애 시절에 그녀를 만나 처음으로 영화관에 가 봤습니다. 심지어 여자들이 좋아하는 스타일과 패션에도 완전 무지했습니다. 그 정도로 숫기가 없었고 소위 세속적인(?) 연애 감각이 거의 전무했습니다. 누가 봐도 고리타분하게 여자를 대하고 있었습니다. 지금 생각해 봐도 제가 연애하고 결혼했다는 것이 기적처럼 느껴집니다.

결혼 전에 저희는 사명에 대해 진지하게 나누었습니다. 저는 이미 사역자의 길을 준비하고 있는데, 자매는 혹시 하나님이 주셨다고 확신하는 사명이 있는지 물어봤습니다. 그녀는 필리핀 선교를 두고 기도하는 중이라고 진지하게 말했습니다. 필리핀을 품고 기도만 하면 그 땅의 영혼들이 생각나서 울컥할 때가 많다고 했습니다.

　그 말을 듣고 괜히 미안해지기 시작했습니다. 당시에 저는 전공만 영문과였지 외국 경험이 없어서 해외선교는 아예 생각해 본 적이 없고, 단지 중학교 때 수련회 마지막 날에 '목사와 선교사'로 헌신하고 싶으면 앞으로 나오라고 해서 그냥 뛰어나간 것뿐이었습니다. 목사 아니면 선교사가 되겠지 하는 막연한 생각을 했을 뿐입니다. 그렇기 때문에 그녀가 만일 나와 결혼하더라도, 필리핀 선교의 사명을 실현하기는 불가능했습니다.

　참 감사하게도 그녀는 자신이 확신하는 그 사명을, 부족한 저를 위해 내려놓게 되었습니다. 강요한 건 아닌데 저의 사명에 기꺼이 동참하기로 했습니다. 저희 커플은 앞서 소개한 두 번째 유형에 해당합니다. 서로 사랑하기 때문에 한쪽의 사명으로 맞춰진 경우이지요.

　그런데 놀라운 일이 생겼습니다. 그때로부터 15년이 지난 지금 저희 가정은 필리핀 선교를 준비하고 있습니다. 필리핀 보홀의 신학생들을 가르치는 교수사역을 준비하는 중입니다. 저는 해마다 몽골의 신학생들을 한 주씩 집중강의로 섬기고 있었습니다. 그러다가 작년에 처음으로 필리핀을 방문하게 되었는데, 반은 가족 여름휴가로, 반은 신학교 협력사역으로 시간을 보냈습니다. 그때 신학생들을 가르치며 선교사님 부부와 복음의 교제를 깊이 나누었습니다.

　한국으로 돌아오자 저희 부부는 필리핀을 향한 마음이 자꾸 생기기 시작했습니다. 어느 날 아내의 입에서 "가자!"라는 말이 튀어나왔는데,

정말 제 귀를 의심했습니다. 몽골에 처음 가족들을 데리고 갔을 때 아내가 너무 힘들어 해서 두 번 다시는 선교지에 안 갈 줄 알았습니다. 그런데도 지금은 아내의 놀라운 결단으로 저희 가정은 현재 필리핀 선교를 준비하고 있습니다.

이 책의 원고를 쓰면서 연애 시절에 그녀가 나누었던 사명이 갑자기 떠올랐습니다. 부족한 저 때문에 그냥 마음속으로 묻어 두었던 그 사명을 하나님이 잊지 않으시고 때가 되어 이루어 가시는 놀라운 섭리를 발견했습니다. 그녀의 사명이 저 때문에 접히는 줄 알았는데, 하나님은 오히려 저를 목사이자 '선교사'로 부르시는 것과 그녀의 사명을 동시에 이루어 가고 계셨습니다.

이처럼 하나님은 우리가 연애 시절에 품고 기도하는 사명을 여러 모양으로 펼쳐 내십니다. 하나님 나라(천국)의 완성을 바라보며 그분이 주신 사명감에 사로잡힌 연인들을 지금도 찾고 계십니다. 그렇다고 저처럼 고리타분하게 연애 시절을 보낼 필요는 없습니다. 폭풍 같은 사랑을 누리면서도 하나님의 비전을 생각하며 그분의 부르심(소명)에 순종하는 사명자 커플이면 충분합니다.

 ## 정해진 짝인가? 선택인가?⑴

커플 상담을 하다 보면 자주 받는 질문이 있습니다. 과연 그(녀)가 하나님이 정해 주신 짝인지 아닌지 알고 싶다는 것입니다. 연애하다가 결혼에 대한 마음이 생기고 있긴 한데, 그(녀)와 결혼하는 것이 하나님의 뜻인지 정말 궁금하다고 말합니다. 이런 질문에 우리가 어떻게 답변해야 할까요?

저는 도리어 묻고 싶습니다. 그러한 질문이 정말 성경적으로 타당할까요? 우선 2가지 그릇된 전제를 자신도 모르게 하고 있습니다. 하나는 하나님이 날 위해 이미 정하신 짝이 있다는 운명론적인 생각이고, 다른 하나는 개인 선택의 문제를 하나님의 뜻으로 잘못 적용하는 것입니다. 평소에 아무렇지도 않게 통용되는 생각과 개념이어서, 한때 저를 포함하여 대부분의 성도들이 그런 전제를 자연스럽게 받아들입니다.

아마 "······하나님이 짝지어 주신 것을 사람이 나누지 못할지니라" (마 19:6b; 막 10:9)는 주님의 말씀을 오해해서 그런 것 같습니다. 여기에 "하나님이 짝지어 주셨다"는 표현이 등장하기 때문입니다. '짝지어 주신다'에 해당하는 헬라어 동사(συζεύγνυμι)는 문자적으로 '멍에를 지우다' (yoke together)라는 의미입니다. [32] 그래서 이 구절은 하나님이 이제 두 사람에게 동시에 멍에를 지우시어 서로의 필요와 책임을 위해 뗄 수 없는 짝이 되게 하셨다는 말입니다. [33]

따라서 이 표현은 하나님이 나의 배우자를 이전부터 이미 짝지어 주셨다는 말이 아닙니다. 이전에 독신 상태이던 두 사람의 관계를 이제 결

---

32) William Arndt, et al., *A Greek-English Lexicon of the New Testament and Other Early Christian Literature*, 954.
33) John Nolland, *The Gospel of Matthew: A Commentary on the Greek Text*, NIGTC (Grand Rapids: W. B. Eerdmans, 2005), 773.

혼한 관계로 하나님이 바꾸신다는 뜻입니다. [34] 쉽게 말해, 우리가 결혼한다고 결혼이 성립되는 것이 아니라, 하나님께서 우리의 결혼을 인정해 주시기 때문에 결혼이 성립된다는 의미입니다. 이런 맥락에서 "하나님이 짝지어 주셨다"고 말하는 것입니다.

결론부터 말하자면, 하나님은 나를 위해 어떤 짝을 정해 두시고 그(녀)를 찾아가라고 하시는 분이 아닙니다. [35] 다만 하나님의 절대 주권과 오류 없는 예지(豫知)의 맥락에서 내가 누구를 만나게 될지 내다보고 계신다고 조심스럽게 표현할 수는 있습니다. 물론 이때도 선택에 대한 나의 책임을 하나님께 돌리는 의도를 철저히 배격하는 상태여야 합니다.

하나님이 특정한 짝을 정해 두셨다는 운명론적 생각은 우리의 자유의지와 정면으로 배치됩니다. 이런 생각에는 '단 하나의 길이 나에게 최선'이라는 전제가 깔려 있습니다. 즉, 나를 위해 예비된 최고의 짝이 '특정한 그(녀)'라는 생각입니다. 그러나 우리에게 최선의 길은 단 하나가 아니라, 우리의 자유의지에 따른 수많은 가능성으로 나타납니다. 다만 그것이 죄의 영역으로 치닫지 않아야 한다는 전제에서 말입니다.

하나님이 사람을 지으시고 사명(경작하고 지킴)을 부여하신 후에 정확히 그런 말씀을 들려주셨습니다(창 2:15-17).

★
34) 크로스웨이, 『ESV 스터디 바이블』, 신지철 외 옮김 (서울: 부흥과개혁사, 2014), 1885.
35) 보통 호세아 선지자가 그런 경우에 해당된다고 생각하는데 실제로는 그렇지 않다. 하나님께서 그에게 고멜과 결혼하라고 명하신 것이 아니라, "음란한 여자"를 찾아서 결혼하라고 말씀하신 것이다(호 1:2).

¹⁵여호와 하나님이 그 사람을 이끌어 에덴 동산에 두어 그것을 경작하며 지키게 하시고 ¹⁶여호와 하나님이 그 사람에게 명하여 이르시되 동산 각종 나무의 열매는 네가 임의로 먹되 ¹⁷선악을 알게 하는 나무의 열매는 먹지 말라 네가 먹는 날에는 반드시 죽으리라 하시니라

하나님께서 사람에게 '금하신 것은 단 하나'입니다. 선악을 알게 하는 나무의 열매를 먹는 것인데, 이것을 금하신 이유는 하나님과의 관계를 단절시키는 무서운 죄이기 때문입니다. 죄의 영역으로 치닫는 것 빼고는 "네가 임의로 먹으라"고 말씀하십니다. 다시 말해, "너에게 있는 자유의지로 마음껏 선택하되, 나를 배격하는 죄를 짓지는 말라"는 뜻입니다.

그런데도 우리는 하나님이 금하신 단 하나에 집중하기보다는, 하나님이 최선으로 요구하신다고 생각하는 단 하나에 집중하고 있습니다. '하나님이 요구하시는 최선의 단 하나'는 하나님이 아닌 우리 자신이 만들어 내는 생각입니다. 오히려 하나님은 우리가 자유함을 누리며 수많은 가능성에 도전하기 원하십니다. 죄의 영역으로 치닫지 않으면 우리의 선택을 존중하시고, 그 선택의 결과를 하나님께서 최선의 방향으로 이끌어 가십니다. 비록 그 선택의 결과가 어설프게 나타나더라도 말입니다.

하나님이 특정한 내 짝을 정해 두셨다는 생각에는 실패에 대한 두려움이 깔려 있습니다. 혹시 하나님이 원치 않으시는 짝과 결혼하면 내 인생이 실패할지도 모른다는 두려움입니다. 하지만 이런 생각은 하나님의 성품을 오해하는 데서 비롯되는 것입니다. 사랑의 하나님이 우리에

제 3 장 연애를 위한 성경적 원리

게 최선의 선택지 하나를 정해 두시고 그것을 찾아내지 못하면 우리를 힘들게 하시는 분이라고 생각하나요? 저는 그런 '하나님'을 믿지 않습니다! 자식을 키우는 부모 입장에서 보면 오히려 자녀가 자유롭게 선택하기를 바라며, 더욱이 그 선택의 결과까지 최선으로 이어지도록 돕고 싶습니다.

하물며 사랑의 하나님께서 우리를 운명론적으로 대하시겠습니까? 혹시 지금 연애하는 중에 '과연 하나님이 정해 두신 운명의 짝일까?'라는 생각으로 고민하고 있습니까? 속히 그런 고민을 내려놓고 서로의 사명을 '진지하게 고려하여' 자유롭게 마음껏 선택하기 바랍니다! 그(녀)와 결혼하고 안 하고는 여러분의 선택에 달려 있습니다. 하나님께서 여러분의 선택을 존중하시고 그 선택의 결과가 어떠하더라도 최선으로 이끌어 가실 것입니다.

 ## 정해진 짝인가? 선택인가?(2)

그럼에도 하나님의 뜻이 있지 않겠느냐는 질문이 마음속에 남아 있을 것입니다. 이제 용어 사용을 성경적으로 정립해야 합니다. 하나님의 "뜻"이라는 말이 성경에서 어떻게 사용되고 있는지 유심히 살펴야 합니다. 성경이 말하는 하나님의 뜻은 개인 선택의 문제와는 관련이 없습니다. 저의 다른 책에서도 밝혔듯이, 하나님의 뜻은 우리의 구원 문제와 특히 신앙생활의 보편성과 관련되어 있습니다.[36]

다시 말해, 하나님의 아들을 보고 믿는 자마다 영생을 얻는 것이 하나님의 뜻이고(요 6:40), 우리를 구원하시려고 예수께서 당신의 몸을 주신 것이 하나님의 뜻입니다(갈 1:4). 또 우리가 거룩해지는 것이 하나님의 뜻이고(살전 4:3), 항상 기뻐하고 기도하며 범사에 감사하는 것이 하나님의 뜻입니다(살전 5:16-18). 이외에도 하나님의 "뜻"이 포함되어 있는 수많은 성경 구절들이 있습니다. 제가 분석한 바로는 모두 같은 맥락입니다.

보다시피 하나님의 뜻은 개인의 선택 문제가 아닙니다. 하나님의 뜻은 기록된 성경 말씀에 밝히 드러나 있는데, 당신께서 작정하시고 그 내용을 우리에게 '마땅히' 적용하시고 요구하시는 의도입니다. 우리가 영생을 얻고 구원 받는 것은 개인 선택의 문제가 아닙니다. 또 우리가 거룩해지는 것과 항상 기뻐하고 기도하며 감사하는 것도 우리의 선택 문제가 아닙니다. 반드시 순종해야 하는 하나님의 선한 의도입니다. 즉, 하나님의 뜻에 대하여 우리에게는 선택의 여지가 없습니다.

그렇다면 흔히 잘못 사용하는 '하나님의 뜻'은 어떻게 표현해야 바람직할까요? 그것은 하나님의 '인도하심' 또는 '섭리'(보존과 통치)라고 표현해야 합니다. 죄의 영역으로 치닫지 않는 한, 우리가 기도하면서 마음껏 선택할 수 있는 자유의지의 영역입니다. 앞서 논증했듯이, 이 영역에서는 우리를 위한 최선의 길이 다양하게 열려 있습니다. 그렇기 때문에 결혼할 수 있는 최고의 짝이 '미리 정해진 그(녀)'라고 생각해서는 안 됩니

---

36) 권율, 『올인원 주기도문』 (서울: 세움북스, 2018), 64.

다. 나의 선택에 따라 달라지는 그(녀)가 누가 되든지, 바로 그(녀)가 나를 위한 최고의 짝이 될 수 있는 것입니다.

바로 이 지점에서 우리는 정확하게 말해야 합니다. 하나님의 인도하심 또는 섭리를 믿고 '내가' 그(녀)를 선택한 것이라고 말입니다. 이때 말하는 하나님의 인도하심은 나의 선택 자체가 완벽했음을 보증하는 수표가 아닙니다. 오히려 나의 자유로운 선택이 하나님의 주권 안에 있다는 믿음의 고백입니다. 즉, 나의 선택 자체가 하나님의 주권 안에 있기 때문에, 반드시 나를 최선의 방향으로 이끌어 가실 거라는 믿음의 표현이 '하나님의 인도하심'입니다. [37)]

이제 '내가 혹시 짝을 잘못 선택하면 어쩌나' 하는 불안에서 자유하기 바랍니다. 우리는 완성된 짝을 운명적으로 만나는 그런 존재가 아닙니다. (영화나 드라마의 허황된 장면을 머리에서 지워야 합니다!) 누구를 선택해서 결혼을 하더라도, 나의 선택 자체에 모든 것이 달려 있다고 생각하지 말아야 합니다. 불안해하는 이유가 어디에 있는지 곰곰이 생각해 보십시오. 그(녀)를 선택하는 나의 '선택 행위'에 모든 의미를 부여하기 때문은 아닐까요? 그리고 내가 선택하는 그(녀)의 현재 모습에 결혼생활의 행복이 달려 있다고 생각하기 때문은 아닐까요?

우리는 결혼에 대한 나의 선택보다 그 후의 '결혼생활'에 눈을 돌려

★
37) 성경에서 사도들과 선지자들이 경험한 하나님의 '인도하심'은 우리와는 구별되는 측면이 있다. 그들의 경우에는 성경 기록이 완성되어 가는 맥락에서 구속사와 관련된 특수한 인도하심으로 이해해야 한다. 즉, 하나님이 그들에게 직접 알려주신 계시의 성격이 크기 때문에, 오히려 개인 선택의 여지가 없는 하나님의 '뜻'으로 봐야 한다.

야 합니다. 선택 행위도 중요하지만 그 후에 지속되는 결혼생활이 훨씬 큰 결혼의 의미와 행복을 자아내기 때문입니다. 또한 이 과정에서 하나님의 선한 이끄심을 자주 경험하기 때문입니다. 더욱이 결혼생활에는 하나님의 '뜻'이 적용된다는 사실을 기억해야 합니다. 우리에게 선택의 여지가 없는 하나님의 거룩한 뜻이 결혼생활에 명백하게 나타나 있습니다.

즉, 그리스도와 교회의 신비적 연합을 온몸으로 증거하는 것이 결혼생활을 향한 하나님의 뜻이고, 그렇기 때문에 그리스도께서 교회를 사랑하시듯이 남편이 아내를 사랑해야 하며, 또 교회가 그리스도에게 하듯이 아내가 남편에게 순종하는 것이 하나님의 뜻입니다(엡 5:22-33).[38] 물론 이때의 순종은 그리스도를 경외함에서 나오는 상호 복종입니다 (5:21).

여하튼 개인의 선택 문제를 두고 하나님의 뜻이라고 운운하지 말아야 합니다. 그렇지 않으면 결혼에 대한 책임을 하나님께 떠넘기는 죄를 범하게 됩니다. 하나님의 뜻은 언제나 거룩하고 언제나 선하고 언제나 실패가 없습니다. 우리의 자유로운 선택에도 불구하고 그 선택의 결과가 어떠하든지 하나님은 당신의 뜻을 완벽하게 이루어 가십니다. 우리에게 주어진 자유의지가 침범당하지 않는데도 모든 상황을 섭리하시어

★
38) 해당 본문에 하나님의 '뜻'이라는 표현이 없다고 해서 결혼생활을 향한 하나님의 뜻이 아니라고 생각하면 안 된다. 이미 언급했듯이 신앙생활의 보편성을 띠는 구절들은 우리에게 밝히 드러난, 즉 계시된 하나님의 뜻이다.

당신께서 작정하신 뜻을 '신비롭게' 성취해 가십니다.

정리하자면, 하나님이 나를 위해 미리 정하신 그(녀)를 찾아야 한다는 생각을 버려야 하고, 또 나의 자유의지로 그(녀)를 선택하는 것을 마치 하나님의 뜻의 차원인 것처럼 착각하지 않아야 합니다. 오히려 나의 자유의지로 짝을 자유롭게 선택하는 것이 분명한 하나님의 뜻입니다.[39] 그리고 나의 선택 행위보다 그 후의 결혼생활에 관심을 더욱 집중시켜야 합니다. 이제 드디어 하나님의 뜻을 실천할 수 있기 때문입니다. 아무튼 운명론적 사고와 그릇된 하나님의 뜻 이해에서 속히 자유하기 바랍니다.

★
39) 이재욱, 『나의 선택과 하나님의 뜻』 (서울: 좋은씨앗, 2019), 114.

1. 나의 일상 가운데 하나님의 비전을 어느 정도로 인식하며 살고 있는가?

2. 하나님이 주셨다고 확신하는 일생의 사명이 있는가? 아직 없다면 우선
   적으로 현재 공동체와 관련하여 나의 사명을 어떻게 설정하고 싶은지
   나누어 보라.

3. 현재 연애하는 중이라면 하나님의 비전과 서로의 사명을 두고 얼마나
   자주 대화하고 있는가?

4. 혹시 하나님이 나를 위해 특정한 그 짝을 지정해 두셨다고 생각한 적은
   없는가? 이제 생각이 교정되었다면 어떤 방식으로 나의 짝을 만나고 싶
   은가?

5. 하나님의 뜻과 나의 선택을 두고 어떻게 이해해야 하는지 다시 한 번 자
   기 언어로 설명해 보라.

제4장

하나님 사랑 & 연인 사랑

♡♡ 사랑의 수렴성

어떤 커플이 있었습니다. 서로 열렬히 사랑하면서도 신앙생활까지 열심을 내는 청춘 남녀였습니다. 그런데 어느 날 형제가 고민에 빠지기 시작했습니다. 자매를 사랑하는 마음이 커지는 것은 좋은데, 어느 순간부터 자매만 하루 종일 '묵상'하는 것 같아서 하나님께 죄송해지기 시작했습니다. 성경책을 읽다가도 자매 이름과 같은 글자가 나오면 괜히 심장이 두근거리고, 기도하다가도 자매 얼굴이 계속 아른거렸습니다.

형제는 그런 순간이 무척 행복하게 느껴지다가도 마음 한 켠에는 죄의식이 커지고 있었습니다. 하나님보다 자매를 더 사랑하고 있다고 생각했기 때문입니다. 한동안 정말 진지하게 고민하다가 어느 날 중대한(?) 결단을 내리게 되었습니다. 형제는 자신의 결단을 나누기 위해 용기를 내어 자매에게 연락했습니다. 그러고는 조심스럽게 말을 꺼냈습니다.

자매님, 요즘 들어 제가 정말 심각해지고 있습니다. 하나님보다 자매님을 더 사랑하는 것 같아요. 그래서 한동안 좀 떨어져 있거나 우리 관계를 다시 생각해 봐야겠습니다.

이 말을 들은 자매도 당황하기는 마찬가지였습니다. 평소에 신앙을 최고의 가치로 여기는 커플이라, 하나님을 운운하는 형제의 결단을 힘들지만 받아들여야 했습니다. 참으로 대견스럽고(?) 눈물 나는 커플인 것 같습니다.

이 이야기는 교회 청년들이 불타는 연애를 할 때 한 번 정도는 경험하는 에피소드입니다. 특히 처음 연애하면서 신앙이 좋다고 자부할수록 거의 맞닥뜨리는 경험입니다. 사실 실패한 저의 연애담이기도 합니다.

형제의 반응을 한번 생각해 봅시다. 혹시 그의 결단이 고귀한 신앙의 샘플처럼 보이나요? 자매를 사랑하는 중에 하나님을 향한 그의 인식에는 문제가 없을까요? 제가 보기에는 큰 문제가 있습니다.

먼저, 형제는 자매를 사랑하는 것과 하나님을 사랑하는 것을 충돌 개념으로 인식하고 있습니다. 다시 말해, 그녀를 사랑하면 하나님을 덜 사랑하게 된다는 전제를 깔고 있습니다. 하지만 이 둘은 서로 충돌하는 개념이 아닙니다. 오히려 반대입니다. 그녀를 '제대로' 사랑할수록 하나님을 향한 사랑도 커지게 됩니다. 저는 이 원리를 '사랑의 수렴성'이라고 부릅니다. 즉, 그(녀)를 사랑하면 할수록 그 사랑은 결국 하나님께로 수렴된다는 뜻입니다.

이실직고(以實直告)한 대로 저는 첫 연애 때 이성을 그런 식으로 사랑했습니다. 저도 모르게 그녀가 나의 우상이 되면 안 된다고 생각하고, 당시 저의 판단으로 하나님 자리(?)에 들어오려는 그녀를 의도적으로 밀어내기 시작했습니다. 그렇게 하면서 힘든 결단을 내린 제 자신을 은근히 뿌듯해하고 있었습니다. 그녀보다 하나님을 더 사랑하려는 제 마음이 대견했기 때문입니다.

사실은 제 마음에서 방어기제가 작동한 것입니다. 이제까지 그녀를 사랑하는 것처럼 열렬하게 하나님을 사랑해 본 적이 없기 때문에, 하나님께 없었던 그 뜨거운 마음이 그녀에게 생겨서 스스로 당황한 것입니다. 다시 말해, 그녀에게 갈수록 커지는 열렬한 마음이 혹시 하나님을 집어 삼킬까 봐 당황해서 제 마음에서 방어기제를 작동시킨 것입니다.

지금 생각해 보면 당시에 너무 순진하고 연애에 무지했습니다. 만일 그런 식으로 연애를 해야 한다면, 아무도 연애에 성공하거나 결혼하지 못할 것입니다. 이성을 향한 그런 내면 상태가 정말 우상숭배라면, 그 어떤 대상도 하나님보다 더 '사랑'하면 안 되기 때문에 평생 연애하거나 결혼해서는 안 되고, 표현이 좀 이상하지만 우리는 '하나님 한 분만으로' 만족하며 살아야 합니다.

어느 날 제 자신을 돌아보게 되었습니다. 이제까지 하나님을 열정적으로 사랑해 본 적이 없다는 것을 깨달았습니다. 그녀를 사랑하는 불타는 그 방식으로 하나님을 사랑하지 않았음을 발견했습니다. 그렇기 때문에 불타는 그 마음이 하나님이 아닌 사람에게 생기게 되었을 때, 제 신앙을 반성하기는커녕 도리어 그녀를 밀쳐내는 잘못을 범했던 것입니다. 이런 사실 자체가 이미 하나님과 사람을 분리시켜 따로 인식하고 있음을 말해 줍니다.

그러나 성경은 하나님을 사랑하는 것과 사람을 사랑하는 것이 분리될 수 없다고 가르칩니다. "선생님 율법 중에서 어느 계명이 크니이까?"(마 22:36)라고 질문한 율법사에게 예수께서 뭐라고 말씀하셨습니까?

[37]예수께서 이르시되 네 마음을 다하고 목숨을 다하고 뜻을 다하여 주 너의 하나님을 사랑하라 하셨으니 [38]이것이 크고 첫째 되는 계명이요 [39]둘째도 그와 같으니 네 이웃을 네 자신 같이 사랑하라 하셨으

니 [40]이 두 계명이 온 율법과 선지자의 강령이니라 (마 22:37-40)

예수님은 자신을 시험하려는 율법사의 의도를 간파하시고 모든 율법을 2가지로 요약해 주셨습니다. "하나님 사랑 = 이웃 사랑"입니다. 첫째는 하나님을 사랑하는 것이고 둘째는 이웃을 사랑하는 것인데, 놀랍게도 이 둘은 같은 것이라고 말씀하십니다. 즉, 하나님을 사랑하는 것과 이웃을 사랑하는 것이 절대 분리될 수 없고, 또 어느 한쪽만을 사랑할 수도 없다는 뜻입니다. [40] 여기에는 이웃을 향한 모든 종류의 사랑이 포함됩니다. 따라서 연인들도 이 원리에서 자유로울 수 없습니다.

그렇다면 그(녀)를 사랑하는 것이 결국 하나님을 사랑하는 것이라고 생각해야 합니다. 모든 사랑이 하나님께로 수렴되기 때문입니다. 하지만 우리의 타락한 본성 때문에 그렇게 인식하기까지 약간의 훈련이 필요합니다. 이성을 향해 강렬한 성적 각성 상태에 빠지면, 거의 무의식적으로 하나님 사랑과 연인 사랑을 충돌 개념으로 생각해 버립니다. 앞서 언급했듯이, 그 이유는 하나님을 향해 강렬한 영적 각성 상태(불타는 사랑)를 경험한 적이 없어서 방어기제를 작동시키기 때문입니다.

저는 실패한 연애담을 통해 하나님을 어떻게 사랑해야 하는지 터득하게 되었습니다. 하나님을 그저 논리적으로, 이성적으로 이해할 것이 아니라, 마치 연인을 사랑하듯이 삼위 하나님을 열정적으로 사랑해야

★
40) 권율, 『올인원 십계명』 (서울: 세움북스, 2019), 120.

한다는 것을 깨달았습니다. 이성을 향해 강렬한 성적 각성 상태가 있는 것처럼, 하나님을 향해 뜨거운 영적 각성 상태가 있어야 함을 분명히 알게 되었습니다.

크리스천 연인들에게 당부를 드립니다. 서로 열렬히 사랑하는 그 마음을 행복하게 누리면서도, 둘이 함께 하나님을 향하여 그 사랑을 수렴시키기 바랍니다. 서로를 향한 성적 각성 상태가 선을 넘는 죄악으로 치닫게 하지 말고, 삼위 하나님을 뜨겁게 사랑하는 은혜의 방편으로 활용하기 바랍니다. 연인들의 불타는 사랑은 둘 사이만을 친밀하게 하는 것이 아니라, 둘 사이를 항상 지켜보시는 하나님과의 관계를 또한 친밀하게 하는 것임을 기억하기 바랍니다. "하나님 사랑 = 연인 사랑"을 제대로 깨닫는 커플에게 복이 임할 것입니다.

죄의 수렴성과 사랑의 삼각도

저는 '사랑의 수렴성'을 뜬금없이 시편 51편을 묵상하다가 깨닫게 되었습니다. 서로 방향은 반대이지만 원리가 똑같습니다. 표제어에 나오는 대로 이 시편은 다윗이 우리아의 아내 밧세바를 범한 후에 나단 선지자가 와서 책망했을 때 지은 것입니다. 밧세바를 간음한 사실을 은폐하려고 자신의 충신인 우리아를 죽음으로 몰아넣는 끔찍한 죄를 다윗이 범했습니다. 이에 하나님께서 선지자를 보내어 그의 죄악을 폭로하게 하셨습니다. 그 순간 다윗은 이스라엘의 왕이신 하나님 앞에서 철저하게 자신의 죄악을 고백하며 회개했습니다.

그의 고백 중에 "내가 주께만 범죄하여"(51:4)라는 표현이 어느 날 저의 심령을 두드리고 있었습니다. 다윗은 분명히 우리아와 그의 아내 밧세바에게 죄를 범했는데도 "내가 주께만 범죄하여"라고 말하고 있습니다. 히브리어 원문을 문자적으로 옮기면, "당신께, 오직 당신께만 제가 죄를 저질렀습니다"(Against You, You only, have I sinned, NKJV)라고 번역됩니다.

처음에 저는 다윗의 고백이 참 이상하게 느껴졌습니다. 이 문장만 떼어 보면 다윗 자신은 주님께만 죄를 범하고 그들에게는 범죄하지 않았다고 말하는 것 같습니다. 제정신이 아니고서는 이런 뜻으로 회개하는 사람은 아무도 없습니다.

학자들이 밝히는 대로 "이 표현은 히브리적 표현법으로서 어떤 범죄든지 하나님과의 관계를 깨뜨리는 것임을"[41] 의미합니다. 다시 말해, 우리가 범하는 죄가 결국 하나님께로 모두 수렴되어 그분을 대적한다는 뜻입니다. 또 다르게 말하면, 내가 다른 사람에게 죄를 범하면 범할수록 그 사람에게 범죄하는 동시에 그와 나 사이를 지켜보시는 하나님께 결국 범죄한다는 말입니다. 저는 이것을 가리켜 '죄의 수렴성'이라고 부릅니다.

그렇다면 크리스천 연인은 자신들의 사랑이 서로만을 향해 있다고

★
41) 김정우, 『시편 주석 II』 (서울: 총신대학교출판부, 2005), 172.

생각해서는 안 됩니다. 앞서 논증한 대로, 우리의 모든 일상은 하나님의 사랑에 기초하고 있습니다. 한순간도 그분의 사랑을 떠나서는 연인들의 사랑조차 의미가 없습니다. 이 세상의 모든 종류의 사랑은 그분의 사랑에 맞닿아 있을 때 우리에게 진정한 의미를 지닙니다.

　연인들은 서로의 열렬한 사랑이 혹시 죄악으로 치닫고 있는지를 항상 살펴야 합니다. 연인 사이의 불타는 사랑은 하나님의 사랑을 생생히 깨닫게 하는 탁월한 방편이지만, 자칫하면 하나님의 사랑을 모독하는 죄의 병기로 전락할 수 있습니다. 둘 사이의 사랑이 한 방향을 향해 수렴되지 않고 서로를 향해서만 표출되고 있을 때 그렇게 되어 버립니다. 이렇게 되면 결국 둘 사이의 거리도 멀어지게 됩니다. 왜냐하면 우리는 '하나님을 향해 서 있는' 존재이기 때문입니다. 이해를 돕기 위해 그림으로 정리해 보겠습니다.

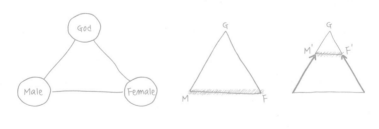

〈사랑의 삼각도〉[42]

★
42) 비슷한 그림이 몇몇 책들에도 소개되는데, 선분 길이의 변화로 설명하는 방식은 저자가 15년 전에 묵상의 결과로 직접 만들어낸 것이다.

제2장에서 스턴버그의 '사랑의 세모꼴'을 소개한 바 있습니다. 그는 사랑의 3가지 구성 요소를 "친밀감, 열정, 책임"으로 꼽았지만, 저는 그런 개념이 아닌 존재(하나님, 남자, 여자)를 넣어서 〈사랑의 삼각도〉를 만들어 보았습니다. 이때 말하는 남자(Male)와 여자(Female)는 남들과는 배타적 관계에 있는 친밀한 사이(연인 또는 부부)를 가리킵니다.

왼쪽 그림에서 보듯이, 크리스천 연인(특히 부부)은 하나님을 정점으로 하는 사랑의 관계성을 이루고 있습니다. 이것은 동의하고 안 하고의 문제가 아닙니다. 하나님께서 처음에 아담과 하와를 만드셨을 때부터 우리의 존재 자체가 그렇게 설정되었습니다. 그 둘을 "짝지어 주신" 분이 하나님이시기 때문입니다.

오른쪽 그림을 보면, 연인들이 정점에 계신 하나님께로 각각 가까워질수록 놀랍게도 서로의 거리도 가까워짐을 알 수 있습니다. 굳이 수학 용어를 쓰자면, 선분M′F′가 선분MF보다 훨씬 짧습니다. 반대로 하나님께로부터 각각 멀어질수록 서로의 거리도 멀어짐을 알 수 있습니다. 이것은 단지 수학적 개념이 아니라, 사랑의 관계성을 직관적으로 나타내는 존재의 원리입니다.

크리스천 연인들은 〈사랑의 삼각도〉를 통해 사랑의 수렴성과 함께 죄의 수렴성을 늘 의식하고 있어야 합니다. 먼저 서로를 향한 불타는 사랑이 하나님께로 수렴되고 있는지 늘 살펴야 합니다. 쉽게 말해, 서로 열렬히 사랑하는 그 방식으로 삼위 하나님을 열정적으로 사랑하려고 힘쓰는지 서로를 살펴줘야 합니다. 그림대로 표현하자면, 나와 그(녀) 사이의 가까움과 친밀함의 정도는 서로가 각각 하나님께로 더 가까이 서 있는 것으로 입증된다는 말입니다.

동시에 둘 사이의 그 사랑이 하나님을 배제한 채 혹시 서로에게만 향하고 있는지도 점검해야 합니다. 만약 서로를 향한 성적 각성 상태가 하나님의 존재를 의식하지 못할 정도로 강렬해져 있다면, 그 둘은 명백하게 죄의 수렴성으로 치닫고 있는 중입니다. 〈사랑의 삼각도〉에서 보듯이, 이 경우에는 나와 그(녀)가 서로 강렬히 사랑한다고 느끼지만, 실제로는 각각 하나님으로부터 멀어져 있기 때문에 결국 서로 간의 거리도 멀어져 있는 상태입니다. 이것이 얼마나 위험한 상태인지는 제5장에서 다시 다루도록 하겠습니다.

♡ 분할 할당 개념이 아니다!

우리는 타락한 본성 때문인지 무엇을 나누고 할당하는 일에 익숙합니다. 언제나 자신을 중심으로 타인(他人)의 존재를 대상화해서 각각 차등적인 가치를 부여합니다. 모두가 제1 원인자이신 하나님을 중심으로 하나의 관계성에 놓여 있다고 생각하지 못합니다. 쉽게 말해, 하나님 안에서 하나님을 중심으로 나 자신과 타인을 하나로 바라보는 능력이 참 부족합니다.

그래서인지 하나님과 사람을 사랑할 때도 그런 식의 반응이 나타납니다. 저는 연애를 처음 시작했을 때 내게 있는 전체 사랑 중에 하나님께 최대한 많이 드려야 한다는 개념으로 생각했습니다. 예를 들어, 전체 사랑을 100이라고 한다면 하나님께 80-90을 드리고, 나머지 10-20을 그녀에게 줘야 한다고 생각했습니다. 만일 신앙의 열정이 식어 하나님께 40-50을 드리게 되면 그때부터 죄송해지기 시작했습니다. 하나님보다 그녀를 더 사랑하고 있다는 생각 때문이지요.

앞서 논증한 것처럼, 이런 식의 개념은 '하나님 사랑'과 '연인 사랑'을 따로 분리시키는 오류입니다. 더욱이 "내게 있는 전체 사랑"이라는 개념은 사랑의 출처를 나 자신에 두고 있는 또 다른 오류입니다. 하나님 안에서 하나님을 중심으로 그(녀)와 나를 바라보지 못하고, 나를 중심으로 내가 설정한 각각의 대상에 차등적인 가치를 할당하는 상태입니다.

그러나 내게 있는 사랑의 출처는 하나님으로부터 비롯된 것입니다. 아우구스티누스에 따르면, 그 하나님은 "사랑이신 하나님" 성령 자신입니다.[43] 즉, 성령을 통해 내게 부어진 그 사랑으로 이제는 내가 하나님께 사랑의 반응을 하는 것입니다. 하지만 신앙이 좀 뜨거워진다 싶을 때, 이상하게도 나의 사랑을 '만들어' 하나님께 드려야 하는 개념으로 오해합니다. 바로 이 지점에서 "내게 있는 전체 사랑"을 각 대상별로 다르게 할당해야 한다는 강박이 스며듭니다.

이처럼 사랑을 분할하고 할당하는 개념은 하나님 중심이 아닌 나 중심적 사고방식입니다. 사랑은 하나님이시기 때문에 하나님이 분할되지 않는 한 그분 안에 있는 '내게 있는 사랑'도 분할될 수 없습니다. 더욱

★
43) 성 아우구스티누스, 『삼위일체론』, 김종흡 옮김 (고양: 크리스챤다이제스트, 1993), 442.

이 내게 있는 그 사랑이 하나님으로부터 비롯되었다고 분명히 인식한다면, 나를 중심으로 각 대상별로 분할하고 할당할 것이 아니라 그 사랑이신 하나님께서 나와 그(녀)를 어떻게 지켜보시는가에 집중할 것입니다. 이렇게 사고를 전환해야 "하나님 사랑 = 연인 사랑"을 제대로 실천할 수 있습니다.

따라서 연인을 사랑하는 근원적인 힘을 내가 만들어 내는 열정이나 성적 각성 상태에서 찾지 말아야 합니다. 이런 것은 그(녀)를 사랑하게 하는 탁월한 방편이긴 하지만, 시간이 지나면서 언제든지 변할 수 있음을 기억해야 합니다. 불타는 사랑에 빠진 연인들은 그런 말들에 발끈할지도 모르겠습니다. 하지만 저 같은 기혼자들은 그냥 자연스럽게 이해되는 말입니다.

연인을 사랑하는 그 힘은, 내 안에 내주하시며 "사랑이신 하나님" 성령으로부터 찾아야 합니다. 이렇게 되면 그(녀)를 사랑하면 할수록 내 안에 계신 성령께서 그(녀)를 사랑하고 계심을 알게 되고, 또한 반대로 그(녀) 안에 계신 동일한 성령께서 나를 사랑하고 계심을 깨닫게 됩니다. 결국 이런 원리는 연인 간의 사랑을 하나님께로 수렴시키는 것이며, 그 사랑을 통해 그(녀)와 나는 궁극적으로 하나님을 바라보게 됩니다.

더 이상 우리는 그(녀)를 사랑할 때, 그 가운데서 하나님을 분리시키는 '분할 할당 개념'에 빠지지 않아야 합니다. 성적 각성 상태를 포함하여 모든 사랑의 반응을 하나님 중심으로 생각할 수 있어야 합니다. 약간의 훈련이 동원되면 모든 크리스천 연인들이 그렇게 할 수 있고, 또 그렇게 해야만 합니다. 이러한 하나님 중심적 연애관의 부흥이 일어나기를 소망해 봅니다.

〰️ 하나님을 더욱 사랑하라!

모든 크리스천 연인들은 하나님을 더욱 사랑해야 합니다. 앞서 언급했듯이, 하나님을 사랑하는 그 마음에서 그(녀)를 사랑하는 마음이 흘러나오기 때문입니다. 일반적인 의미로 내 마음 자체에서 그(녀)를 사랑하는 힘이 생겨난다고 말할 수 있습니다. 하지만 이때의 내 마음은 그(녀)를 향한 성적 이끌림 또는 강렬한 성적 각성 상태에 기초하고 있습니다.

물론 이성을 향한 그런 반응들을 터부시하거나 부정하게 생각하는 것은 아닙니다. 사랑할 때 수반되는 자연스러운 신체 반응이기 때문입니다. 그리고 서로를 사랑하게 하는 탁월한 방편이기도 합니다. 다만 염려하는 것은, 그런 반응들을 하나님의 사랑으로 제자리에 위치시키지 않으면 자칫 '죄의 수렴성'으로 치닫게 된다는 점입니다. 앞서 논증했듯이 하나님 사랑과 연인 사랑은 따로 분리할 수 없는 성격인데, 바로 이 특성 때문에 그분의 사랑에 기초하지 않은 연인 간의 탈선은 그 즉시 하나님을 향한 죄악으로 치닫게 됩니다.

그래서 크리스천 연인들은 하나님을 더욱, 그리고 '생생하게' 사랑할 수 있어야 합니다! 하나님을 열정적으로 사랑할 때 바로 그 사랑에 기초하여 그(녀)를 제대로 바라볼 수 있기 때문입니다. 특히 서로를 향한 성적 반응과 이끌림을 그 사랑에 비추어 적절하게 표현하고 통제할 수 있어야 합니다. 자신이 하고 싶은 걸 마음껏 표출하라는 현대 문화에 절대 속아서는 안 됩니다. 이것은 자신을 해방시키고 사랑하는 것처럼 보이지만, 실제로는 하나님의 주권을 연애에서 밀어내는 행위입니다.

여기에서 오해하지 말아야 할 것이 있습니다. 하나님을 사랑할수록 연인을 향한 성적 이끌림이 소멸된다고 생각해서는 안 됩니다. 그(녀)를 향한 성적 반응을 소멸시키기 위해서 하나님을 더욱 사랑하라는 말이 결코 아닙니다! 이런 생각 자체가 하나님 사랑과 연인 사랑을 따로 분리시키고 있는 이분법입니다.

연인들이 하나님을 열정적으로 사랑해야 하는 이유는, 서로를 향한 그런 반응들을 결혼 전까지 원래의 자리에 위치시키기 위함입니다. 강렬한 성적 각성 상태는 내 안의 생래적인 힘으로 절대 통제되지 않습니다. 연애 시절에 '불타는 사랑'을 경험한 사람들은 그것이 무슨 말인지 직감적으로 알고 있습니다. 결혼 이후에도 부부간의 언약에 신실하지 않으면, 다른 대상을 향해 그런 상태에 빠지기도 합니다. 이 경우에는 이유를 막론하고 배우자와 하나님께 범죄하는 것입니다.

따라서 크리스천 연인들은 누구보다 하나님을 더욱 사랑하려고 노력해야 합니다. 이 말에 발끈하거나 거부 반응을 보이는 사람은 연애에 있어 하나님의 주권을 인정하기 싫은 상태입니다. 하나님을 열정적으로 사랑할 때만이 그(녀)를 '제대로' 사랑할 수 있음을 깨달아야 합니다. 죄로 오염된 우리의 욕구를 하나님의 사랑에 기초하여 원래의 궤도에 올려놓아야 합니다. 연애 중에 하나님을 의식하면 그(녀)가 왠지 아쉬워할 거라는 그 생각을 힘써 멀리해야 합니다.

어떻게 하면 하나님을 열정적으로 사랑할 수 있냐고 질문할 것 같아서 저의 에피소드를 소개하겠습니다. 부끄러운 고백이지만, 저는 '첫사랑'과 헤어지고 나서 하나님을 생생한 방식으로 사랑하게 되었습니다. 생전 처음으로 한 여자에게 눈이 멀어 한동안 제정신이 아니었습니다. 당시 가장 두드러진 반응은 하루 종일, 그리고 밤새도록 그녀의 말을 떠올린다는 것입니다.

신기하게도 그녀의 말을 단순히 떠올리고 '묵상'하는 것으로 그치지 않았습니다. 만나서 대화를 나누다가 그녀가 무엇을 좋아한다고 하면, 그 즉시 기억해 두었다가 나중에 반드시 선물로 사 주었습니다. 그녀의 말이 나의 행동을 불러일으키는 엄청난 힘이 있었습니다. 무슨 말인지 모르겠다면 아직 불타는 연애를 안 해 본 사람입니다.

아쉽게도 저의 미숙함으로 관계가 끝이 났는데, 저는 그제야 하나님을 진지하게 떠올리게 되었습니다. 물론 연애 중에도 하나님 얘기는 자주 했지만, 앞서 말한 '분할 할당 개념'으로 오해하고 있었습니다. (그래서 이 책은 저의 연애 실패담으로 가득 차 있습니다.) 이별한 후에 심각하게 저의 신앙을 살피게 되었습니다. 내가 과연 하나님을 실제로 사랑했는지 정말 진지하게 돌아보았습니다.

일반적인 의미에서 저는 하나님을 사랑했습니다. 마치 어린 자녀가 부모를 사랑하는 것처럼 말입니다. 하지만 자녀가 철이 들기 전까지는 가슴 깊은 곳에서 올라오는 그 사랑으로 부모를 사랑하지 못합니다. 생생하고 실제적인 깊은 사랑을 표현하지 못한다는 뜻이지요.

그녀와 헤어지고 나서 하나님을 그런 수준으로 사랑하고 싶어졌습니다. 그녀와 함께 있을 때의 그 설렘을 하나님과의 교제 가운데서도 경험하고 싶어졌습니다. 무엇보다 그녀의 말이라면 절대 경청하고 그 말대로 들어주었던 그 마음을 하나님을 향해서도 표출하고 싶어졌습니다.

그래서 기도하기 시작했습니다. 기도하는 중에 어느덧 하나님의 말씀에 집중하게 되었습니다. 나를 향한, 그리고 우리 모두를 향한 그분의 '러브 레터'가 성경이라는 사실을 새삼스럽게 깨달았습니다. 이미 알고 있었던 사실이 이전과는 전혀 다른 차원으로 저를 사로잡고 있었습니다.

그때 깨닫게 되어 직접 정리한 문장이 하나 있습니다. 사실 새로울 것이 없는 내용인데, 당시 저에게는 완전히 새로운 문장으로 다가왔습니다.

하나님을 사랑한다는 사람이 만일 성경을 읽지 않으면, 사랑하는 그 (녀)에게 '난 당신을 사랑하지만 당신의 말에는 관심이 없어요!'라고 말하는 것과 같다.

하나님을 사랑한다는 외적 증거는 그분의 말씀을 가까이하는 것으로 나타납니다. 하나님의 존재와 그분의 말씀이 절대 분리될 수 없기 때문입니다. 저는 그때부터 비장한 각오로 성경을 읽고 묵상하며 암송하는 중입니다. 하루라도 성경을 읽지 않으면 차라리 잠을 재우지 말아달라고 기도했습니다. 하나님을 사랑하는 가장 기본이 그분의 말씀을 사랑하고 그 말씀에 신실하게 반응하는 것임을 터득했습니다. 그 말씀에 절대 경청하고 그 말씀대로 살아내도록 나 자신을 쳐서 기도하는 것임을 깨달았습니다. 이렇게 단순한 원리를 첫사랑과 헤어지고 나서야 알게 되었습니다.

아무튼 그 후로 하나님을 정말 열정적으로, 그리고 생생한 방식으로 사랑하게 되었습니다. 하나님의 말씀에 사로잡혀 저도 모르게 밤을 새는 경우도 자주 있었습니다. 성령께서 말씀을 통해 내 영혼을 자극하셔서인지, 그분의 임재 가운데 강렬한 영적 각성 상태를 경험하게 되었습니다. 마치 불타는 사랑에 빠진 커플이 서로를 향해 강렬하게 이끌리는 것처럼 말입니다.

크리스천 연인들이 그런 상태를 자주 경험할 수 있기를 바랍니다. 둘이 함께 강렬한 '영적' 각성 상태를 경험하면, 바로 거기에서 서로를 제대로 욕망할 수 있는 통제력이 나옵니다. 또 서로를 향한 성적 이끌림을 자연스럽게 누리면서도 하나님께로 서로의 사랑을 수렴시키는 강한 이성(理性)이 생기게 됩니다. 더욱이 자신들의 연애를 '결과에 상관없이' 하나님께서 아름답게 이끄실 거라는 거룩한 확신이 올라옵니다.

나눔과
적용을
위한
질문

1. 혹시 연애 중이라면 하나님보다 그(녀)를 더 사랑하는 것 같아서 죄의
   식을 느낀 적은 없는가?

2. 마치 연인을 사랑하듯이 삼위 하나님을 생생하게, 그리고 열정적으로
   사랑해 본 적이 있는가? 아직 없다면 앞으로 그렇게 해 보고 싶은 마음
   이 있는가?

3. 그(녀)와 내가 서로 강렬히 사랑한다고 느끼면서도 실제로는 서로 멀어
   져 있는 상태가 어떠한 것인지 설명해 보라.

4. '분할 할당 개념'에 빠지지 않으려면, 하나님과 나와 그(녀)의 관계성을
   어떻게 인식해야 하는가?

5. 하나님을 사랑하고 있는 나의 외적 증거는 무엇인가? 그(녀)를 사랑하
   고 있는 나의 모습과 비교하면서 솔직하게 진단해 보라.

제5장

스킨십과 사랑의 증상

혼전순결을 사수하라!

요즘 같은 시대에 혼전순결을 주장하면 '천연기념물'로 취급되곤 합니다. 몇몇 통계를 봐도 교회 청년들이나 세상의 미혼 남녀나 혼전순결에 대한 의식에 별 차이가 없습니다. 특정 그룹에서는 교회에서 더 심한 경우도 있습니다. 갈수록 교회 안에서도 혼전순결에 대한 의식이 무너지고 있습니다. 10년도 넘은 이야기이지만 서울의 어느 대형교회 청년부 사역자는 이렇게 지도했다고 합니다. 청년들이 워낙 결혼 전에 잠자리를 대수롭지 않게 여기니까, 어차피 결혼할 사이라면 잠자리를 허용한다는 식으로 말입니다. 그 교회에 출석하는 청년에게 직접 들은 내용입니다.

그러나 저는 청년들의 근원적인 욕구 문제를 두고 타협할 생각이 없습니다. 세상과 구별되게 하는 크리스천 연애의 중심이 바로 거기에 있기 때문입니다. 굳이 발달심리학적 측면에서 혼전 관계에 대해 논증하고 싶지는 않습니다. 그런 관점에서도 혼전순결의 타당성을 입증할 수 있겠지만, 결혼과 순결의 의미를 성경에 기초하지 않으면 결국 소모적인 논쟁으로 끝날 위험성이 있습니다.

성경이 말하는 순결의 의미는 육체적 관계뿐만 아니라 마음에서 나오는 저급한 생각과 말과 행동과도 관련이 있습니다. 결혼 전에 연인과 단순히 잠자리만 가지지 않았다고 해서 순결을 지켜냈다고 단정할 수는 없습니다.

하지만 육체적인 순결을 지키는 것을 그중에서 가장 위대한 일이라는 사실을 약화시켜서도 안 됩니다. 마음의 간음도 큰 죄악이지만 육체적 간음은 더 심각한 죄악이기 때문입니다. "몸은 음란을 위하여 있지 않고 오직 주를 위하여 있으며 주는 몸을 위하여 계시느니라"(고전 6:13)는 말씀을 기억해야 합니다. 주님을 위하여 우리 몸이 순결하게 유지되어야 한다는 뜻입니다! 죄라고 해서 다 똑같다고 생각해서는 안 됩니다. 마음으로 저지르나 행동으로 저지르나 어차피 같은 죄니까, 이것을 핑계 삼아 혼전순결에 대해 무감각해지면 정말 곤란합니다. 모든 죄가 동등하게 가중한 것이 아니라는 점을 늘 의식해야 합니다.[44]

삼위 하나님을 나의 '주님'으로 고백한다는 말은 나의 근원적인 욕구 문제에서 가장 잘 드러납니다. 가장 양보하기 싫은 바로 그것을 하나님의 주권과 그분의 거룩한 뜻에 내맡기지 않으면, 아직 나는 그분의 다스리심에 온전히 순응하지 않는 상태입니다. 이것은 비단 청년들뿐만 아니라 저 같은 기혼 남녀에게도 동일하게 적용됩니다.

예전에 엘리자베스 엘리엇의 『열정과 순결』을 읽고 큰 충격을 받은 적이 있습니다. 그녀의 남편은 1956년 28세의 젊은 나이에 에콰도르 와오라니 부족에서 순교한 짐 엘리엇 선교사입니다. 그 책은 두 사람이 결혼하기 전까지의 연애 과정을 그녀의 언어로 생생하게 그리고 있습니다.

요즘 청년들이 읽으면 정서적으로 동의 안 되는 부분이 많을 것 같

★
44) 웨스트민스터 소교리문답 83.

습니다. 그녀의 연애 방식이 그야말로 '천연기념물'이기 때문입니다. 그런데 책의 내용을 보면, 엘리엇이 살던 당시 미국은 우리나라의 요즘 분위기와 별반 차이가 없어 보입니다. 키스도 한 번 안 해본 사람과 어떻게 결혼할 수 있느냐는 학생들의 노골적인 질문이 나옵니다. 심지어 "누구든 아무하고나 잠자리를 같이 하는 이 시대"[45]라고 당시 분위기를 언급하고 있습니다.

엘리엇의 연애 방법이 100% 옳다고 단정할 수는 없습니다. 그럼에도 그녀가 결혼 전 연인을 사랑했던 방식은 오늘날 크리스천 청년들에게 정말 탁월한 모범이 됩니다. 연인을 사랑하는 데 있어 언제나 하나님을 동시에 인식하며, 사랑하는 사람이 하나님께 더욱 집중하도록 배려하는 모습이 참으로 인상적입니다.

나는 하나님의 부르심을 받은 짐(Jim)에게 주의를 산만하게 하는 역할을 하고 싶지 않았다. 그의 에너지를 뺏고 싶지 않았다. 어떤 형태로든 그의 고귀한 절대자를 향한 복종에 방해물이 되고 싶지 않았다. 나에게 이것이야말로 진정한 사랑이었던 것이다. "사랑은 하나님의 법도를 지키는 것이다. 그 명령은 태초부터 우리에게 주어진 사명이었으며, 우리의 삶을 주관하는 기준이 되어야 한다."[46]

★
45) 엘리자베스 엘리엇, 『열정과 순결』, 양은순 옮김 (서울: 예향, 2001), 177.
46) 같은 책, 180.

그녀의 태도는 오늘날 우리에게는 지나칠 정도로 철저한 하나님 중심적 연애입니다. 오히려 그러한 연애관이 크리스천 청년들에게 필요하다고 봅니다. 요즘은 스스로 인지할 수 없을 정도로 자기중심적 연애가 '통념'이 되고 있습니다. 자신들의 성적 욕구가 통제된다 싶으면, 무작정 반감부터 가지기 시작합니다. 연애에 있어 하나님 나라와 그분의 비전은 끼어들 틈이 없어져 버렸습니다.

사랑하는 사람이 하나님께 복종하는 일에 내가 걸림돌이 되고 싶지 않다는 엘리엇의 말이 어떻게 들리나요? 불타는 미혼 남녀의 성행위가 하나님과의 관계에 가장 걸림돌이 된다는 사실을 우리 본성이 가르치지 않습니까? 결혼 전 키스에 대한 욕망을 철저하게 통제했던 엘리엇이 우리와는 성정(性情)이 다른 사람으로 보입니까?

결혼 전 순결을 지켜야 하는 이유를 우리 안에서 찾지 말기 바랍니다. 결혼은 그리스도와 교회의 신비적 연합을 증거하는 방편이고, 연애는 그 일을 부분적 그림자로서 준비하고 훈련하는 과정입니다. 성관계는 파기할 수 없는 언약 관계의 부부 사이에만 허락된 것입니다. 왜냐하면 남녀가 가장 친밀하고 가장 은밀하게 서로의 모든 것을 공유하는 행위이기 때문입니다. 성적 쾌락은 부부가 서로 하나 됨을 오감으로 인식하게 하는 하나님의 선물입니다.

사랑에 빠진 사람은 경험적으로 알 듯이, 성적 흥분 상태는 나의 모든 부분을 그(녀)를 위해 무장해제할 준비를 한다는 뜻입니다. 나의 근원적인 욕구가 그 어떠한 가면을 쓰지 않고 있는 그대로 표출된다는 의미입니다. 나의 이성과 판단력이 완전 무기력해지는 존재의 순간입니다. 이러한 상태의 '전(全) 존재의 벌거벗음'은 그 대상이 세상에서 딱 한 사람뿐이어야 합니다. 당연히 대상이 바뀔 수 없다는 전제로 말입니다! 하지만 연인 관계는 그 대상이 바뀔 가능성이 있는 불완전한 연합 상태입니다. 따라서 서로의 모든 부분을 무장해제하여 근원적인 욕구를 공유해서는 안 됩니다.

영적인 차원에서 '전 존재의 벌거벗음'은 하나님과 우리의 관계를 특징짓는 표현이기도 합니다. 나의 가장 은밀한 부분까지 아시고 나의 모든 욕구를 그분의 영광에 맞추기를 당신께서 원하시기 때문입니다. 우리의 신앙은 하나님 앞에서 나의 존재 자체가 벌거벗겨졌음을 기꺼이 인정하는 것입니다. 어떠한 가면도 쓰지 않고 나의 '존재적 죄 됨'을 겸손히 인정하고 그분의 긍휼을 구하는 것이 우리의 신앙입니다. 나의 이성과 판단력이 그분의 은혜 앞에서 완전히 무기력해지는 상태가 '전 존재의 벌거벗음'입니다. 그래서 이제는 십자가의 그리스도만이 나의 모든 것이 되어 있는 상태입니다.

이러한 존재의 벌거벗음을 하나님이 아닌 다른 우상과 절대 공유할 수 없습니다. 나의 전부가 되신 그리스도를 밀어내는 행위이기 때문입니다. 이것을 가장 잘 드러내는 현장이 바로 결혼생활입니다. 결혼이라는 언약은 하나님과 우리의 언약 관계를 가장 생생하게 증거하는 방편입니다. 다시 말해, 부부 사이에 공유하는 '전 존재의 벌거벗음'은 하나님과 우리의 관계를 투영시키는 거울입니다.

그렇다면 '전 존재의 벌거벗음'은 두 차원의 관계성을 동시에 담고 있습니다. 한 하나님을 향한 우리의 영적 순결과 한 배우자를 향한 나의 육체적 순결입니다. 순결의 개념은 '언약 관계에 있는 한 대상'을 향한 배타적인 신실함입니다. 따라서 결혼 전에 그(녀)를 향한 '전 존재의 벌거벗음'은 결코 허용될 수 없습니다. 연애는 어디까지나 언약 결혼을 위한 준비 과정이자 부분적 그림자로서의 역할을 할 뿐입니다. 이처럼 결혼 전 순결을 지켜야 하는 이유를 하나님과 우리의 관계성 가운데 찾아야 합니다.

이제 크리스천 연인들은 결혼 전에 순결을 사수하도록 혼신의 힘을 다해야 합니다. 서로를 향한 성적 이끌림이 강렬한 만큼, 순결을 향한 서로의 의지 또한 강력해지길 기도합니다. 결혼 전에 힘써 지키는 그 순결이 연애에 있어 하나님의 주권을 인정하는 최고의 행위임을 기억하기 바랍니다! 서로에게 일어나는 성적 흥분 상태가 결혼 전까지 제 기능을 하고 제 위치에 있도록 둘이 함께 힘쓸 수 있기를 바랍니다. 결혼하기 전에 순결하기를 애쓸수록, 결혼한 후에도 그 애씀이 배우자를 향한 사랑으로 표출될 것입니다.

 ## 스킨십은 어디까지?(1)

오래 전에 있었던 에피소드입니다. 어느 대학의 기독 동아리에서 연애 강의를 하다가 민감한 질문을 청년들에게 던졌습니다. 결혼 전에 허용 가능한 '스킨십'이 어디까지라고 생각하는지 물었습니다. 그러자 한 형제가 둘이 사랑하면 끝까지 가도 된다고 당당하게 말했습니다. 그 친구가 의미하는 "끝까지"는 당연히 부부 사이에서나 가능한 성관계를 가리킵니다.

저는 좀 당황했습니다. 크리스천이 아니라면 그나마 봐줄 법한데, 기독 동아리에서 열심히 활동하는 청년이 그런 생각을 한다는 게 좀 충격이었습니다. 그 자리에 있던 다른 청년들도 은근히 동조하는 듯했습니다.

'스킨십'(skinship)이라는 말은 1953년 WHO(세계보건기구) 세미나에서 어느 미국인 학자가 만들어 낸 육아 용어입니다.[47] 그해 세미나가 일본에서 열려서인지 일본과 우리나라에는 그 용어가 잘 알려졌는데, 정작 영어권에서는 사용되지 않고 있습니다. 원래 엄마와 아기의 '피부 접촉'을 의미하는 이 표현이 우리나라에서는 남녀의 신체 접촉을 가리키는 '애무'(愛撫)의 뜻으로 사용되고 있습니다.

여하튼 결혼 전 스킨십의 허용 범위가 어디까지인지는 크리스천 연인들의 큰 관심거리입니다. 저 역시 결혼 전에 그러했습니다. 사랑하는 연인들이 서로 스킨십을 원하는 것은 어찌 보면 당연한 현상입니다. 제2장에서 살펴봤듯이, 남녀가 사랑에 빠지면 뇌가 극도로 활성화되어 여러 가지 '사랑 호르몬'을 몸에서 분비하게 됩니다. 그중에서 옥시토신이라는 호르몬이 스킨십에 대한 갈망을 강하게 불러일으킵니다. 연애의 초기 단계일수록 더욱 그러합니다.

★

47) 김선철, "사설·칼럼: [외래어] 스킨십", 『한겨레』 2009년 5월 5일, http://www.hani.co.kr/arti/opinion/column/353340.html.

이 과정에서 연인들은 강렬한 성적 각성 상태를 사랑이라고 대부분 착각하게 됩니다. 다른 사람에게 나타나지 않는 신체 반응이 그(녀)에게는 나타나기 때문이지요. 그래서 어떤 사람은 그(녀)를 사랑한다는 기준을 진한 스킨십이 있어야 하는 걸로 생각해 버립니다.

크리스천 연인들은 분명히 알고 있어야 합니다. 스킨십은 서로가 사랑하는 데 유용한 방편이기도 하지만, 스킨십 자체가 사랑이라고 착각해서는 정말 곤란합니다! 동의할 수 없다고 해도 저는 양심을 걸고 계속 외처야겠습니다. 사랑은 우리 몸의 호르몬 분비에 따른 성적 각성 상태가 아닙니다! 이것은 사랑을 담아내는 하나의 형태에 불과합니다.

이쯤에서 다시 한 번 사랑의 개념을 상기시켜야겠습니다. 앞서 언급했듯이, 사랑은 무엇보다 존재로 정의되어야 합니다. 모든 사랑의 원형(prototype)을 보여 주신 분이 하나님이시고, 하나님 자신이 곧 사랑이시기 때문입니다(요일 4:8b). 그리고 이 존재적 사랑은 '개념적 사랑'으로 환언하여 표현할 수 있다고 앞서 논증했습니다. 사랑의 실체이신 하나님과의 관계를 전제한 상태에서 사랑의 형식적인 측면을 논하는 것입니다.

이 개념적 사랑을 이루는 두 요소, 즉 '의지'와 '감정'을 동원하여 표현하자면, 사랑은 감정을 수반하는 의지의 작용이라고 했습니다. 이 두 요소를 어떻게 이해할 것인지는 제2장에서 충분히 다루었기에 여기서는 생략하겠습니다. 연인들의 스킨십은 두 요소 중에 특히 '감정'에 거의 절대적으로 관여하기 때문에, 자칫하면 사랑의 본질을 제대로 이해하는 데 큰 걸림돌이 됩니다. 사랑에 있어서 감정의 요소가 참으로 중요하지만, 감정 자체가 사랑이 아님을 계속 강조한 바 있습니다.

크리스천 연인들은 일단 스킨십을 하려는 이유를 곰곰이 살펴봐야 합니다. 보통 스킨십을 진하게 할수록 상대방을 더 깊이 알아간다고 생각합니다. 그러나 이것은 사실이 아닙니다! 스킨십을 진하게 할수록 그(녀)를 향한 성적 이끌림이 강화되고 자신의 흥분 상태가 극대화되는데, 바로 이 지점에서 특히 남성은 자신의 성적 각성 상태를 '사랑'하게 됩니다. 상대방의 마음 상태와 반응보다는 자신의 성적 흥분에 더욱 집중하게 된다는 말입니다.

그래서 스킨십은 사랑을 담아내는 그릇이 되면서도, 자칫하면 자신의 욕망을 탐닉하는 이기적인 수단으로 전락해 버립니다. 결혼한 부부도 마찬가지입니다. 부부 사이라고 해서 스킨십의 자유가 무한정 허용되는 것이 아닙니다. 배우자를 사랑하는 마음으로 표현하지 않고 자신의 성욕을 충족시키는 데만 목적을 두게 되면, 그것은 사랑에 대한 모독이며 결국 자신의 욕구를 '사랑'하는 무서운 죄악이 되어 버립니다.

따라서 연인들은 자신의 감정을 극대화시키는 스킨십에 강한 절제력을 발휘해야 합니다. 사랑의 감정은 그 둘을 지켜보시는 하나님을 동시에 사랑하고 있을 때 진정한 의미를 지닙니다. 하나님은 연인들의 감정 상태를 소중히 여기시지만, 그 감정이 극도로 불타서 하나님의 존재마저 의식하지 못하게 되면 그 커플을 향해 '질투의 불'을 표출하십니다. 물론 우리 인간들이 질투하는 그런 차원의 질투가 아닙니다! 커플을 포함하여 모든 신자들이 하나님의 사랑을 의식해야 참된 행복을 누릴 수 있기 때문에, 우리를 위해 그렇게 질투하시는 것입니다.

🌿 스킨십은 어디까지?(2)

그렇다면 결혼 전 스킨십은 어디까지 허용될 수 있을까요? 결론부터 말하자면, 스킨십의 표현 기준을 획일적으로 정할 수는 없습니다. 나라마다 문화마다 사람마다 차이가 나기 때문입니다. 그럼에도 스킨십을 추구하는 최소한의 가이드라인(guideline)과, 타협할 수 없는 최후의 지점을 설정해야 합니다.

우선 스킨십의 가이드라인은 연인 사이를 지켜보시는 하나님을 동시에 의식하고 사랑할 수 있는 기준이어야 합니다. 왜냐하면 앞 장의 〈사랑의 삼각도〉에서 논증했듯이, 연인들이 각각 하나님으로부터 멀어지면 결국 그 둘의 관계도 멀어지기 때문입니다. 단지 성적 이끌림 때문에 서로의 관계가 가까워지고 깊어졌다고 착각해서는 안 됩니다. 하나님과의 관계가 소원(疏遠)해지면 연인과의 관계도 반드시 멀어진다는 존재의 원리를 명심해야 합니다.

만일 스킨십을 하다가 서로 불타올라서 하나님의 존재를 망각하고 순결에 대한 그분의 말씀을 무시하고 싶은 충동이 올라온다면 그 즉시 멈추어야 합니다. 사실 이 상태가 되면 스킨십을 멈추기가 거의 불가능합니다. 또 어느 한쪽이 다른 한쪽의 마음 상태에 아랑곳하지 않고 자신의 성적 흥분을 탐닉하려고 스킨십을 하는 것도 즉시 중단해야 합니다. 이것은 사랑을 표현하는 것이 아니라 자신의 욕구를 '사랑'하는 이기심에 불과합니다.

스킨십의 이런 강렬한 특성 때문에 사람마다 반응이 다양합니다. 어

제 5 장　스킨십과 사랑의 증상

떤 사역자는 스킨십의 불가항력(?) 때문에 아예 스킨십 자체를 금하는 경우도 있습니다. 심지어 결혼 전에 그녀의 손을 한번 잡은 것 때문에 밤새도록 회개했다는 사람도 있습니다. 또 어떤 교회는 당회의 허락 하에 연애를 허용하고 당회의 주도 하에 결혼을 진행하기도 합니다. 믿기 어렵겠지만 옛날이야기가 아니고 최근에도 일어나는 일입니다.

그런 사람들과 그런 교회의 결정을 존중해야 합니다. 그러나 모든 연인에게 획일적으로 적용할 수는 없습니다. 만약 그들의 방법이 절대적인 것처럼 타인에게 강요한다면, 저는 그들을 율법주의자라고 부를 것 같습니다. 물론 성적 반응에 원천적으로 취약한 커플에게는 필요한 방법들 중의 하나입니다. 하지만 결혼하기 전에 모든 '스킨십'이 절대 허용될 수 없다면, 성경 본문 어디엔가 기록되었을 법한데 그런 기록은 찾아볼 수 없습니다.

스킨십에 취약한 사람들은 당연히 남보다 더 큰 절제력을 발휘해야 합니다. 연애 시절에 저는 그녀(현재 아내)의 손만 잡아도 심장이 쿵쾅거려서 정말로 힘들었습니다. 아마 어릴 적 어머니가 가출하고 집안에 여자들이 없어서 그런 것 같습니다. 이런 사람들은 연애하면서 스킨십 표현에 더욱 신중을 기해야 합니다.

반면에 자연스럽게 스킨십을 표현하고 거기에서 안정감을 누리는 사람도 있습니다. 제가 아는 어떤 형제는 집에 누나들이 많아서인지, 그런 부분에서 자매들과 아주 자연스럽게 잘 지냅니다. 워낙 신기하게 보여서 물어보니, 연애 중인 자매와도 자연스럽게 스킨십을 표현하는데 이것 때문에 성적 흥분이 치솟지는 않는다고 합니다. 미혼의 자매들도 연애 중인 형제와 자연스러운 스킨십 가운데 정서적 안정감을 얻는 경우가 의외로 많습니다.

이처럼 스킨십을 대하는 태도가 다양하다 보니, 그 표현 기준을 획일적으로 정할 수는 없습니다. 그래서 연애하는 당사자 둘이 하나님 앞에서 그 기준을 정해야 합니다. 포옹하는 것이 자연스러운 커플이 있는가 하면, 팔짱만 껴도 참기 힘들어 하는 커플도 있습니다. 보통은 형제보다 자매가 절제력이 강하기 때문에 자매들이 형제를 컨트롤(control)해 줘야 합니다. 물론 반대의 경우도 의외로 있습니다.

이 방법도 완벽한 것은 아닙니다. 스킨십의 강렬함에 취약한 미혼 남녀의 특성상 이 문제를 자신들 스스로 컨트롤하는 경우는 정말 드뭅니다. 그래서 조금 민망하더라도 멘토(mentor) 같은 선배나 담당교역자에게 지도해 달라고 자발적으로 요청하는 것도 좋은 방법입니다. 즉, 서로가 함께 결정한 스킨십의 허용 범위를 어기는 모습이 보이면, 그 즉시 호되게 질책해 달라고 요청하는 것입니다. 물론 둘의 스킨십은 보통 은밀하게 진행됩니다. 그래도 자기들이 내뱉은 말이 기억나서 양심을 두드리는 약간의 효력은 있습니다. 이런 방법을 두고 요즘 같은 세상에 무슨 소리냐며 항변하고 싶을지도 모르겠습니다. 그렇지만 저는 결혼 전 스킨십의 기능을 최대한 긍정적으로, 그리고 순결하게 활용하라고 말하는 것입니다.

다음으로, 더 이상 타협할 수 없는 스킨십의 최후 지점은 '키스'라고 생각합니다. 다시 말해, 결혼 전에는 그 어떠한 경우에도 키스는 하지 말아야 합니다. 아마 이 한 마디에 책을 덮어 버리거나 저에게 야유를 보내는 독자도 있을 것 같습니다. 그럼에도 목사의 양심을 걸고 성경에 비추어 저의 주장을 굽히지 않으려고 합니다.

놀랍게도 성경 말씀에 키스가 어떤 의미로 사용되는지 나타납니다. 개역개정판에는 키스(kiss)가 '입맞춤'으로 번역되어 있는데, 이것은 "사랑이나 우정 혹은 친근감이나 존경심을 나타내는" 고대 근동 지방의 오랜 인사법입니다.[48] 단순한 인사법으로 사용될 때는 성적 행위를 뜻하는 '깊은 키스'(deep kiss)를 가리키지 않습니다. 그래서 동성 간에도 인사로서의 가벼운 키스가 하나의 풍습으로 자리 잡고 있었습니다.

하지만 남녀 사이의 깊은 키스를 의미하는 경우도 있습니다. "나에게 입맞춰 주세요, 숨막힐 듯한 임의 입술로. 임의 사랑은 포도주보다 더 달콤합니다"(아 1:2, 새번역). 더욱이 키스라는 말이 하나님께 사용될 때도 있습니다. 이 경우에는 하나님을 향한 절대적인 순종이나 지극히 깊은 차원의 경외심을 의미합니다. 대표적인 구절이 시편 2편 12절입니다.

> 그의 아들에게 입맞추라 그렇지 아니하면 진노하심으로 너희가 길에서 망하리니…… (개역개정)

> Kiss the Son, lest he be angry, and you perish in the way, … (ESV)

★
48) 가스펠서브 편, 『성경 문화배경 사전』 (서울: 생명의말씀사, 2017), 232.

Do homage to the Son, that He not become angry, and you perish
in the way, … (NASB)

보다시피 시편 기자는 그 아들에게 키스하라고 말씀합니다. 여기에
서 그 아들(the Son)은 문맥상 7절에 나오는 "내 아들"(my Son), 즉 다윗의
후손 메시아(그리스도)를 가리킵니다. 그렇다면 이 구절은 하나님의 아
들 그리스도께 키스를 하라는 말씀입니다.

그리스도께 키스를 하라니요! 이것은 그리스도를 향한 절대적인 순
종과 지극히 깊은 경외심을 표현하라는 뜻입니다. 그래서 NASB 성경은
"그 아들에게 경의를 표하라"(Do homage to the Son)고 번역하고 있습니다.
즉, 하나님과 관련하여 사용될 때 키스의 의미는 그분을 향한 지극히 깊
은 경외심을 나타냅니다.

이런 종류의 경외심은 극도의 친밀감이 동반됩니다. 여기에는 경외
의 대상과 연합된 상태가 전제되어 있습니다. 하나님을 경외한다고 말
할 때는 그분과 내가 떼려야 뗄 수 없는 관계에 있다는 뜻입니다. 이것
은 삼위 하나님을 향한 믿음의 결과이고, 또 우리가 구원 받았다는 증거
이기도 합니다.

이런 맥락에서 키스라는 말은 종교적이고 영적인 의미입니다. 그래
서 하나님이 아닌 다른 대상과 배타적인 관계를 맺거나 연합하려는 것
을 성경은 "바알과 입을 맞추다"(왕상 19:18) 또는 "송아지와 입을 맞추다"
(호 13:2)라고 표현합니다. 다시 말해, 그런 종류의 키스(입맞춤)는 우상숭
배이자 영적 간음이라는 뜻입니다.

이제 단순한 인사가 아닌 '깊은 키스'의 의미를 총체적으로 정리해야 합니다. 남녀 간의 깊은 키스의 의미가 성경에 명시되어 있지 않기 때문에, 하나님과 관련된 키스의 의미에서 우리에게 대응시키는 방식으로 접근하려고 합니다. 제2장에서 구원의 '믿음과 행함'의 관계와, 사랑의 '의지와 감정'을 대응시켜 적용한 적이 있습니다. 마찬가지로 키스의 종교적이고 영적인 의미로부터 우리에게 대응적 적용이 충분히 가능하다고 봅니다.

그 아들(the Son)에게 키스하는 것이 그분을 향한 깊은 경외심과 그분과의 연합 또는 배타적인 관계를 의미한다면, 남녀 사이의 키스 행위에도 역시 그러한 의미를 대응시켜 적용할 수 있습니다. 왜냐하면 그 아들에게 키스하는 것이 일반적인 인사가 아니듯이, 사랑하는 남녀 사이의 키스 행위도 단순한 인사가 아니기 때문입니다. 그렇다면 그(녀)와의 키스는 깊은 존중심과 은밀한 연합과, 또 다른 대상이 끼어들 수 없는 배타적인 관계를 의미하게 됩니다.

이러한 상태는 부부만이 누릴 수 있는 관계입니다. 제3자가 끼어들 수 없는 상태에서 서로를 향해 가장 은밀하고 가장 깊은 친밀감을 표현하는 행위이기 때문입니다. 키스에 담긴 그러한 의미 때문에, 아직 한 몸 됨을 이루지 않은 미혼의 커플들은 키스 행위를 하지 말아야 합니다. 현대의 감각적이고 자극적인 문화가 그것을 당연시한다고 해서 우리가 거기에 따를 필요가 없습니다.

크리스천 연인은 세상과 구별되게 연애를 해야 합니다. 청춘 남녀의 가장 근원적인 욕구를 하나님 중심으로 표현하고 절제하는 것이야말로 크리스천 연애의 큰 사명입니다. 가장 양보하기 힘든 그 욕구를 하나님의 주권에 굴복시키는 행위가 정말 아름다운 '순종의 눈물'입니다. 연인들 모두가 결혼 전부터 모든 연애 과정에서 하나님께 순전함과 순결함을 지킬 수 있기를 간절히 바랍니다.

"오빠 믿을 수 있지?"

하나님은 사람을 남자와 여자로 창조하셨습니다. 이 말은 사람을 만드셨지만 남자와 여자가 서로 다르도록 의도하셨다는 뜻도 됩니다. 각각의 그 다름이 한데 어우러져 전체로서의 사람을 이루도록 하셨다는 의미입니다.

그런데 남자와 여자는 의외로 서로가 다르다는 사실을 인정하기 싫어합니다. 청년부서를 담당하다 보면, 미혼 남녀 사이의 그런 모습을 자주 지켜봅니다. 한 공동체를 섬기는 중에 형제들은 자매를 형제처럼 생각하고, 자매들은 형제를 자매처럼 생각할 때가 많습니다. 그래서 행사를 기획하고 진행하다가 자주 티격태격 다투기도 합니다.

남자와 여자의 다름은 연애 과정에서도 여실히 드러납니다. 연애 초기에 서로를 향해 불타오르는 현상은 동일하지만, 그 불타는 마음을 표현하는 데는 서로 큰 차이를 보입니다. 일반적으로 남자는 성적인 반응에 충실하고 그것을 '행동으로' 표현해야 사랑한다고 느낍니다. 반면에 여자는 성적인 이끌림을 감추고 그이가 자기 마음을 먼저 알아주기를 바랍니다. 물론 모든 남녀가 그렇게 양분해서 반응하는 것은 아닙니다. 여성성이 강한 그이도 있고, 남성성이 강한 그녀도 있습니다.

여하튼 보통의 남자들은 성적 흥분에 사로잡히면 그녀를 향해 그것을 계속해서 표출하고 싶어 합니다. 그런데 문제는 그녀 역시 자신을 향해 그렇다고 착각하는 데 있습니다. 즉, 자신이 성적 반응에 충실하듯이 그녀 또한 나에게 행동으로 표현하고 싶어 한다고 은연중에 생각하고 있습니다. 그녀도 나처럼 스킨십을 화끈하게 해야 사랑하는 것으로 느낀다고 거의 '확신'합니다.

반면에 보통의 미혼 여자들은 그이에게 성적 매력을 느끼면, 오히려 그 마음을 숨기면서 그이 앞에서 행동거지를 더욱 조심하게 됩니다. (물론 성경험이 있거나 기혼 여성의 경우에는 조금 다릅니다.) 그런데 문제는 그이 역시 여자들처럼 반응할 거라고 착각하는 데 있습니다. 즉, 자신이 성적 이끌림에 조심하듯이 그이 또한 나에게 그런 식으로 대해주고 싶어 한다고 은연중에 생각합니다. 과도한 스킨십보다는 나와 함께 있는 것만으로도 그이가 충분히 사랑을 느낀다고 거의 '확신'하고 있습니다.

안타깝게도 남자와 여자의 서로 다름은 연애하는 과정에서 여러 가지 문제를 일으킵니다. 물론 남녀의 이 '다름'이 하나님을 사랑하는 가운데 제자리에 위치하면 전혀 문제될 것이 없습니다. 미혼 남녀의 서로 다른 성반응 자체를 소멸시키는 것은 크리스천 연애의 목적이 아닙니다. 하나님이 창조하신 신체의 고유 반응 기제를 우리가 무슨 권한으로 그렇게 한단 말입니까!

다만 서로 다른 그 반응 기제가 죄악으로 치닫지 않도록 항상 스스로를 살펴야 합니다. 특별히 미혼 자매들에게 양심을 걸고 당부합니다. "오빠 믿을 수 있지?"라는 형제의 말에 절대 속지 말기 바랍니다! 이 말은 형제가 자신의 성적 욕구를 끝까지 표출시키기 위해 그대들에게 감언이설(甘言利說)을 하는 상태입니다. 과도한 스킨십이나 심지어 성관계까지, 실제로는 자신들처럼 그대들도 결국 좋아하고 있을 거라는 '오빠들'의 신념이 작동하는 것입니다.

이 순간에 많은 자매들은 이렇게 생각하고 있습니다. '오빠는 나를 사랑하니까 성적인 표현에 있어서도 나를 아껴주고 배려해 줄 거야'라고 말입니다. 완벽한 착각입니다! 내가 그대들의 친오빠라면 당장 정신 차리도록 호되게 야단쳤을 것입니다. 남자의 입에서 "오빠 믿을 수 있지?"라는 말이 나오는 즉시 그냥 이별 통보를 하기 바랍니다. 만일 그것 때문에 화를 내거나 더욱 집착하는 형제라면, 뒤도 돌아보지 말고 단칼에 정리하기 바랍니다. 왜냐하면 연애하는 목적과 방향이 온통 자신의 성적 욕구에 집중되어 있기 때문입니다.

물론 그녀를 안심시키려고 자신을 믿도록 고단수를 쓰는 오빠도 있습니다. 처음에는 그녀가 받아들이는 수준의 스킨십만 하다가 어느 순간부터 점점 수위를 높여 갑니다. 그녀가 안정감을 갖도록 서서히 길들이는 방식입니다. 이것은 전형적인 그루밍(Grooming) 수법[49]입니다. 정

★
49) 가해자가 피해자에게 호감을 얻거나 돈독한 관계를 만드는 등 심리적으로 지배한 뒤 성폭력을 가하는 것을 뜻한다. 시사상식사전, "그루밍 성범죄", 『네이버 지식백과』, https://terms.naver.com/entry.nhn?cid=43667&docId=5145821&categoryId=43667 (2020년 6월 6일 검색).

신을 바짝 차리지 않으면 어느 순간에 자신도 모르게 거기에 익숙해져 오빠의 의도대로 순응하게 됩니다. 그렇기 때문에 미혼의 자매들은 스킨십을 두고 결혼한 선배 또는 부모님과 일정 부분 공유해야 합니다. 스스로를 보호하기 위해 그런 분들에게 자주 조언을 구해야 합니다.

제가 오빠들만 공격하는 것 같아서 이번에는 반대의 경우도 언급해야겠습니다. 연애 상담을 해 보면 그녀들이 통제 못하는 경우도 의외로 있습니다. 오래 전 이야기지만, 어떤 형제가 지속적인 그녀의 요구 때문에 아주 스트레스를 받았습니다. 그녀가 부르면 당장 그녀의 자취방으로 달려가야 했습니다. 처음에 농담하는 줄 알았는데, 자초지종(自初至終)을 들어보니 실제로 반복되는 일이었습니다. 둘이 함께 기독 동아리를 열심히 섬기는데도 이미 스킨십의 마지노선을 넘어 거기에 탐닉하는 상태였습니다.

이처럼 크리스천 연인들도 정신 차리고 있지 않으면 세상의 그들과 조금도 다를 바가 없게 됩니다. 연애하는 과정과 방향이 온통 자신들의 성적 욕구에 집중되어 있습니다. 그것을 누가 통제하거나 통제 받는다는 기분이라도 들면, 기를 쓰고 반감을 가지려고 합니다. 그들이 화를 내는 이유는 간단합니다. 자신의 연애만큼은 절대 양보할 수 없다는 생각 때문입니다. 하나님의 주권과 비전 따위는 안중에도 없습니다.

정말로 이런 커플들은 더 늦기 전에 얼른 정신을 차려야 합니다! 자신들의 근원적인 욕구를 하나님의 주권에 내어 드리는 훈련을 당장 시작해야 합니다. 하나님 중심적 연애를 사모하는 영적 감각을 일깨워야 합니다. "오빠 믿을 수 있지?"가 아니라 "우린 하나님만 믿어야 해!"라는 고백을 회복할 수 있기를 간절히 바랍니다.

🌿 사랑의 참된 증상

크리스천 연인이라고 해도 일반적인 남녀 성반응에서 자유로울 수 없습니다. 하나님은 당신의 자녀들을 천사처럼 만드시지 않았습니다. 그리스도를 믿든지 안 믿든지 미혼 남녀는 서로를 향해 성적으로 이끌리고 매력을 느끼게 되어 있습니다. 선천적으로 불구가 아닌 이상 미혼의 청년이라면 연애 중에 성적 각성 상태를 자연스럽게 경험합니다.

그래서 우리는 극단적인 금욕주의에 빠져서는 안 됩니다. 저는 한때 연애 시절에 그녀에게 성적 반응이 일어나는 자체를 죄악시하며 괴로워한 적이 있습니다. 어떻게 사랑하는 사람을 향해 그렇게 반응할 수 있냐면서 제 자신을 거의 짐승처럼 취급했습니다. 지금 생각해 보면 얼마나 연애에 무지했는지 아주 부끄럽기 짝이 없습니다.

연인을 향한 성적 반응과 이끌림 자체를 소멸시키는 게 성경적 연애의 표준이라고 오해하지 말아야 합니다. 전통적으로 한국 교회는 은연 중에 그런 생각에 길들여져 왔습니다. 기성세대일수록 거의 금욕주의 연애관에 가깝습니다. (물론 예외가 있다는 사실을 동시에 말씀드립니다.) 이에 대한 반작용으로 요즘 세대는 거의 '쾌락주의 연애관'에 가깝습니다. 세상 문화에 편승하여, 자신의 욕구를 억누르는 것을 오히려 이상하게 생각합니다.

크리스천 연인들은 양극단에 치우치지 않아야 합니다. 그(녀)를 향한 성적 이끌림과 반응을 자연스럽게 누리면서도, 결혼 전까지 그것이 제자리를 지키도록 힘써 다스려야 합니다. 사랑한다면 그(녀)에게 모든 것을 허락할 수 있다는 세상의 통념에 절대 속지 말아야 합니다! 사랑한다는 증거가 그런 데에 있는 것이 아니기 때문입니다.

우리는 성경이 말하는 사랑의 속성에 귀를 기울여야 합니다. 앞서 다루었지만 또다시 언급하겠습니다. 우리에게 왜곡과 망각의 '은사'가 충만하기 때문입니다. 성경이 아무리 말해도 몸의 반응에 기꺼이 굴복하고 싶은 것이 우리의 죄성입니다. 겉보기에 우리가 성경에 근거하여 굉장히 논리적이고 합리적인 것 같아도, 근원적인 욕구 앞에서는 사정없이 무너지는 연약한 죄인들입니다.

고린도전서 13장에서 사랑이 어떤 것이라고 말씀합니까? 사랑은 오래 참고 온유하다고 말씀합니다. 무례히 행하지 않고 자기의 유익을 구하지 않는다고 말씀합니다. 그리고 모든 것을 참으며 모든 것을 믿으며 모든 것을 바라며 모든 것을 견딘다고 말씀합니다.

이것은 모든 종류의 사랑을 포괄하는 속성입니다. 따라서 연인들의 사랑도 이 말씀에 기초해야 합니다. 사랑한다는 증거가 서로를 향한 성적 반응이나 이끌림에 있다고 믿어서는 안 됩니다. 계속 강조하지만 성적 각성 상태는 시간이 지나면 언젠가 소멸되어 버립니다. 불타는 사랑에 빠진 커플에게는 아무리 말해도 '쇠귀에 경 읽기'일 테지만, 그럼에도 계속 상기시켜 주고 싶습니다. 성적 각성 상태를 사랑의 참된 증상인 것처럼 제발 착각하지 말아야 합니다! 그런 상태는 우리 몸의 한계성 때문에 언제나 가변적입니다. 그(녀)가 항상 내 눈에 매력적으로 비칠 수는 없습니다.

우리는 변하지 않는 사랑의 속성을 추구해야 합니다. 크리스천 연인들은 서로 오래 참고 온유하며, 무례히 행하지 않고, 자기의 유익을 구하지 않아야 합니다. 모든 것을 참으며 모든 것을 믿으며 모든 것을 바라며 모든 것을 견뎌야 합니다. 이런 사랑의 속성을 가장 잘 실천하는 방법이 혼전순결을 힘써 지키는 것입니다. 불타는 미혼 남녀가 가장 양보하기 힘든 근원적인 욕구를 하나님의 주권에 철저히 굴복시키는 것입니다.

어떤 의미에서는 결혼한 부부보다 연애 중의 커플들이 사랑의 그런 속성을 더욱 실천할 수 있습니다. 결혼하면 언약의 울타리가 지켜준다는 신념(?) 때문인지, 오히려 쉽게 화내고 무례하게 대하고 서로 참는 것을 힘들어 할 때가 많습니다. 무슨 말인지 모르겠으면 결혼한 선배나 부모님께 물어보기 바랍니다. 그런데 연애 때는 서로에게 불타는 그 마음이 죄악으로 치닫지 않도록 참아야 하고, 미래를 함께 꿈꾸기 위해 서로를 용납하고 자기의 유익을 구하지 않아야 합니다. 또 성적 각성이 소멸되어도 사랑한다고 믿어야 하고, 불확실한 관계이지만 모든 것을 바라고 모든 것을 견뎌야 합니다.

연애 중인 교회 청년들이 과연 그러한 사랑을 추구하고 있습니까? 내 눈에 매력적이어야 그(녀)가 봐줄 만하고, 내 기준에 미치지 않으면 거침없이 실망감을 표출하지는 않습니까? 그러면서도 자신은 어떠한 상황에도 변함없이 하나님을 사랑한다고 고백합니다. 새빨간 거짓말입니다! 여러분이 하나님을 사랑하는 그 방식은 그(녀)를 사랑하는 방식과 똑같습니다. 하나님 사랑과 연인 사랑이 결코 다를 수 없음을 제4장에서 자세히 논증했습니다.

현재 그(녀)를 조건적으로 '사랑'하고 있습니까? 그렇다면 하나님을 정확히 그런 방식으로 '사랑'하고 있음을 깨달아야 합니다. 혹시 '서원'이라는 명목으로 하나님께 거래하듯이 기도하는 내 모습은 없었나요? 내 기준에 흡족하게 은혜를 주셔야지 그분께 반응하겠다는 경우는 없었나요? 만일 이런 상태로 하나님을 '사랑'하고 있다면, 정확히 그(녀)를 그런 식으로 '사랑'하고 있는 것입니다.

사실 저를 포함해서 모든 기혼자들도 똑같습니다. 오히려 연애 때보다 더 적나라하게 하나님을 사랑하는 방식이 드러납니다. 언약이라는 안전한 울타리가 배우자를 향한 사랑의 정도를 '있는 그대로' 보여 줍니다. 그리스도와 교회의 신비적 연합을 증거하는 부부의 사명은 망각해 버리고, 자신의 감정과 생각이 기준이 되어 배우자를 바라보기 시작합니다. 바로 이것이 내가 하나님을 사랑하고 있는 현재의 모습입니다. 그러면서도 나는 하나님을 무조건적으로 변함없이 사랑한다고 고백합니다. 어찌나 가증스러운 모습인지요!

저는 솔직히 이 책을 쓰는 지금도 많이 두렵습니다. 독자들이 저를 성정이 다른 사람으로 생각할까 봐 겁이 납니다. 목사인 저도 별반 차이가 없습니다. 그러한 원리를 깨달아 알고는 있지만, 실제 결혼생활 가운데 100% 실천한다고 감히 말할 수 없습니다. 그리스도께서 교회를 사랑하시듯이 제가 아내를 무조건적으로 사랑해야 하는데, 일상 중에 그렇지 못한 저의 모습 때문에 실망한 적이 한두 번이 아닙니다.

그럼에도 주님의 긍휼하심에 힘입어 모든 크리스천 연인들에게 당부합니다. 사랑의 참된 증상을 '사랑 장'에 기초하여 찾기를 바랍니다. 앞으로 결혼해서 평생 한 사람을 제대로 사랑하려면, 연애 때부터 사랑의 진짜 속성을 두고 부단히 훈련해야 합니다. 결혼생활을 하다 보면 '그래도 당신을 사랑한다'는 생각이나 말을 자주 하게 됩니다. 이것이 무슨 말이겠습니까? 비록 내 기준에는 턱없이 못 미치지만, 비록 내 생각과는 판이하게 다른 당신의 모습이지만, 그럼에도 모든 것을 참고 당신을 사랑한다는 의미입니다.

이제 그(녀)를 사랑한다는 증거나 사랑의 증상을 가변적인 것에서 찾지 말기 바랍니다. 성적인 매력이나 각성 상태는 사랑하는 데 일시적으로 도움 될 뿐이지, 그것 자체가 사랑의 참된 증상일 수는 없습니다. 다시 반복하지만, 그(녀)를 제대로 사랑한다면 사도의 가르침대로 오래 참을 수 있어야 합니다. 하나님을 열정적으로 사랑하는 가운데 그(녀)에게 무례히 행하지 않아야 합니다. 또 하나님 나라와 그분의 비전을 위해 미래를 함께 꿈꾸는 가운데, 모든 것을 믿으며 모든 것을 바라며 모든 것을 견뎌야 합니다. 이런 사랑을 추구하는 커플에게 하늘의 복이 임할 것입니다!

성욕과 '성욕'

이번에는 좀 더 민감한 주제를 다루려고 합니다. 모든 사람에게 내재된 성욕이 어떤 의미를 지니고 어떤 기능을 해야 하는가에 대한 것입니다. 사실 저는 이쪽 분야에 탁월한 전문가는 아닙니다. 그럼에도 불구하고 기혼 목사로서 평소에 진지하게 묵상하며 성경과 교리에 비추어 고민한 흔적들을 독자들과 공유하고 싶습니다.

하나님이 우리에게 부여하신 성욕은 참 아름다운 것입니다. 성욕 자체를 터부시하거나 부정하게 여기면 그것을 인간에게 선물로 주신 하나님의 창조 행위를 부정하는 것입니다. 문제는 성욕을 대하는 우리의 왜곡된 태도와 그것을 활용하는 우리의 그릇된 방식에 있습니다.

자주 언급하지만, 성욕은 사랑하는 부부가 서로의 하나 됨을 오감으로 생생하게 인식하도록 만드는 하나님의 선물입니다. 사랑의 증상이 곧 성욕은 아니지만, 그(녀)를 사랑할 때 나타나는 여러 가지 반응 중의 하나임은 틀림없습니다. 특히 연애 중에 '폭풍 같은 사랑'을 하거나 신혼 초에 부부가 서로 사랑할 때 두드러지게 나타납니다.

이때 우리 몸에 나타나는 반응은 그(녀)를 향한 최고조의 각성 상태입니다. 그(녀)를 향한 생각 때문에 하루 종일 넘치는 에너지로 깨어 있고, 심지어 밤새 잠을 안 자고 맑은 정신으로 깨어 있는 경우도 있습니다. 저는 첫사랑과 연애할 때 하루 종일, 그리고 밤새도록 그녀의 말을 떠올리며 '묵상'했습니다. 물론 다른 여자와 결혼한 지금은 당시에 무슨 말을 떠올렸는지 다 잊어버렸습니다.

여하튼 사랑에서 비롯되는 성욕으로 충만해지면 그(녀)를 정말 실제적으로, 또 생생한 방식으로 사랑하게 됩니다. 이때는 인위적인 방법 따위는 전혀 필요하지 않습니다. 너무나 자연스럽게 그(녀)를 사랑할 수밖에 없는 상태로 변합니다. 의무적으로 그(녀)를 대하는 것이 오히려 이상하게 느껴집니다.

이처럼 하나님이 부여하신 성욕은 사람을 사랑하는 데 있어 순기능을 하고 있습니다. 하지만 그(녀)를 사랑하는 것으로만 만족하라고 성욕을 주신 것이 아닙니다. 성경이 증거하듯이 우리 몸은 하나님이 거하시는 성전이며, 하나님께 영광을 돌려야 하는 "의의 무기"입니다(고전 6:19-20; 롬 6:13). 우리 몸의 모든 지체와 모든 부분을 하나님의 영광을 드러내는 데 활용을 하라는 말씀입니다.

그렇다면 성욕 또한 하나님을 증거하고 그분을 예배하는 수단이 되어야 합니다. 너무 황당한 소리로 들립니까? 세계적인 복음주의 신학자이자 목회자인 존 파이퍼도 동일한 말을 합니다. "우리의 모든 육체적 욕구들을 예배의 수단으로"[50] 삼는 일을 역설하고 있습니다. 그가 예배의 수단으로서 성욕을 잘 논증했다면, 저는 성욕 자체가 하나님과 우리 사이에 어떤 부분을 투영시키는 역할을 하는지 다루고자 합니다.

앞서 부분적으로 언급한 바가 있습니다. 이제는 그것들을 한데 모아 체계적으로 정리해 보려고 합니다. 우선, 사랑하는 그(녀)를 향하여 성

★
50) 존 파이퍼, 『결혼 신학』, 154.

욕(性慾)이 있는 것처럼, 사랑하는 하나님을 향해서는 '성욕'(聖慾)이 있습니다. 즉, 우리가 삼위 하나님을 향하여 '거룩한 욕구'를 표출한다는 뜻입니다. 전자에 사로잡히면 성욕 충만이 되고, 후자에 사로잡히면 성령 충만이 됩니다.

사랑에서 비롯되는 성욕으로 충만해지면, 연인이 서로 최고의 각성 상태를 경험한다고 말했습니다. 무슨 말인지 모르겠으면 아직 불타는 사랑을 해 본 적이 없는 사람입니다. 성욕으로 인한 각성 상태는 일차적으로 서로를 불타게 사랑하도록 만드는 수단입니다. 그러나 여기에서 한 단계 더 나아가야 합니다. 우리 몸의 모든 부분을 통해 궁극적으로 하나님이 증거되어야 하기 때문입니다.

그렇다면 서로를 향한 성적 각성 상태는 궁극적으로 하나님을 향한 영적 각성 상태를 투영시키는 거울이 되어야 합니다. 쉽게 말해, 그(녀)를 오감으로 생생하게 사랑하는 이 방식이 결국 하나님을 실제적으로, 또 열정적으로 사랑하는 방법이 되어야 한다는 것입니다.

혹시 갈수록 황당한 말이라고 생각됩니까? 이 방식에 있어서는 청교도의 거장 조나단 에드워즈(Jonathan Edwards, 1703-1758)가 정말 탁월했습니다. 그는 하나님의 사랑을 달콤하게 느끼며 물밀듯이 밀려오는 체험을 했습니다.[51] 그 놀라운 사랑에 압도되어 정말 생생하게 하나님을 사랑하는 일상을 살았습니다. 심지어 70개의 결심문을 만들어 놓고 그것

★
51) 백금산 편, 『조나단 에드워즈처럼 살 수는 없을까?(개정판)』 (서울: 부흥과개혁사, 2003), 99-101.

들을 통해 하나님을 향하여 '성욕'(거룩한 욕구)을 힘써 표현했습니다.

에드워즈만 그런 방식으로 하나님을 사랑할 수 있습니까? 전혀 그렇지 않습니다. 정도의 차이는 있겠지만, 그리스도의 신부라면 누구든지 그런 방식으로 그분을 사랑할 수 있고, 또 그렇게 해야 합니다! 부족하지만 저도 영적 각성 상태를 자주 경험합니다. 밀려오는 하나님의 사랑에 사로잡혀 밤새도록 잠을 설칠 때가 종종 있습니다. 성경을 읽거나 연구하다가, 또 일상 중에 경험한 그분의 은혜를 글로 정리하다가 최고의 각성 상태로 기도하며 밤을 지새우기도 합니다. 왜 그러는지 저도 모르겠습니다. 로마서 5장 5절 말씀대로, "성령으로 말미암아 하나님의 사랑이" 제 마음에 부은 바 되었다고 말할 수 있을 것 같습니다.

이러한 원리를 '첫사랑'과 헤어지고 나서 체득했습니다. (이미 제4장에서 언급했습니다.) 그녀의 말이라면 즉각 반응하며 그녀를 향해 설레는 그 마음처럼, 하나님을 향해서도 그렇게 반응하고 싶어졌습니다. 그전까지 하나님을 그저 입으로만 사랑하는 것 같고 머리로만 이해하고 있는 것 같아서, 이제부터는 하나님을 마치 연인을 사랑하듯이 정말 생생하게, 또 열정적으로 사랑하고 싶어졌습니다. 감사하게도 하나님께서 저의 기도제목을 들어 주셨습니다. 성령을 통해 그분의 놀라운 사랑이 생생하게 부어지는 경험을 자주 하고 있습니다.

이처럼 우리에게 내재된 성욕은 하나님을 향한 '성욕'(聖慾)을 투영시키는 거울이 되어야 합니다. 이것을 가장 은밀하고 가장 깊은 수준으로 함께 훈련할 수 있는 대상이 바로 배우자입니다. 언약의 틀 안에서 모든 것이 허락되는 그(녀)와 함께 가장 높은 차원의 성욕(키스, 성관계)을 누리면서, 가장 깊은 수준의 '성욕'(거룩한 욕구)을 하나님께 표현하는 행복을 누려야 합니다. 우리에게 있는 근원적인 욕구마저 하나님을 증거하는 의의 무기로 만들어야 합니다!

다음으로, 성욕은 죄성과 결탁하는 순간 우상숭배로 전락한다는 것을 명심해야 합니다. 성욕은 강력한 중독성이 있습니다. 오감을 짜릿하게 자극하는 엄청난 힘이 있습니다. 성욕의 이러한 특성은 부부가 한 몸 됨을 실제적으로 '느끼게 하는 데' 탁월한 방편이 되지만, 우리의 죄성과 결탁하게 되면 그 짜릿함 자체를 탐닉하게 만들어 버립니다. 왜냐하면 죄는 경배의 대상을 하나님이 아닌 다른 것들에 향하게 하기 때문입니다. 바로 이런 이유로 결혼 전에 성욕의 최고 단계(키스, 성관계)를 금하는 것입니다. 연애하면서 한 번도 관계를 가지지 않은 커플은 있지만, 한 번만 관계를 가진 커플은 특별한 경우가 아니고서는 절대 없습니다. 성욕이 주는 짜릿함과 죄성이 결탁해서 나의 전인격을 거기에 계속 매몰되게 만들어 버립니다.

이렇게 되면 결국 하나님을 향해 영적 외도를 일삼는 것입니다. 하나님 자신을 증거하라고 선물로 주신 성욕이 그(녀)와의 육체적 관계에서 비롯되는 쾌락 자체에 머물러 있기 때문입니다. 이런 맥락에서는 연인이나 부부나 모두 예외가 될 수 없습니다. 결혼한 부부라고 해도 서로의 육체에만 탐닉하고 거기에 모든 정욕을 쏟는다면, 그것 자체가 성욕을 주신 하나님에 대한 모독입니다. 물론 결혼해서 시간이 지나면 일반적인 경우에는 성욕이 제자리를 잡게 됩니다.

마지막으로, 하나님을 향한 '성욕'(聖慾) 역시 죄성과 결탁되면 우상숭배로 전락해 버립니다. 저는 하나님의 사랑이 부어져 영적 각성 상태를 경험했을 때 정말 낙원에 들어와 있는 줄 알았습니다. 삼위 하나님과의 연합을 마치 오감으로 생생하게 느끼는 것 같았습니다. 이 세상의 어떤 것도 제 의식에 들어오지 않았고, 오직 하나님만으로 충만한 상태였습니다. 그냥 그 순간이 영원히 계속되기를 갈망하고 있었습니다.

하지만 그런 상태가 계속되지는 않았습니다. 마치 그녀를 향한 성적 각성 상태가 계속되지 않는 것과 동일한 이치입니다. 처음에 굉장히 당황하게 되었습니다. 하나님의 사랑을 생생하게 느끼는 체험이 사라져 버리니까, 마치 하나님을 더 이상 사랑하지 않고 하나님도 저를 사랑하지 않는 것처럼 생각하기 시작했습니다. 이것은 연애할 때 사랑 호르몬이 더 이상 분비되지 않을 때 당황하는 것과 같은 이치입니다.

지금은 그렇지 않지만, 한때 저는 그런 영적 짜릿함을 회복하고 유지하기 위해 여러 모양으로 발버둥 쳤습니다. '성욕'(거룩한 욕구)에 대한 짜릿한 체험이 있어야 하나님을 사랑한다고 착각했기 때문입니다. 정말 좋은 영적 경험이지만 그것이 나의 죄성과 결탁되어, 하나님이 아닌 그것 자체를 탐닉하게 되는 상태가 되었던 것입니다.

그래서 하나님께서는 영적 각성 상태를 때가 되면 반드시 거두십니다. 아직 죄 있는 육신을 입고 있는 한, 우리가 그런 방식으로 하나님을 온전히 사랑할 수 없다는 것을 당신께서 잘 아시기 때문입니다. 제가 볼 때 최고의 영적 각성 상태를 영원토록 온전히 누리게 하시려고, 마지막 그날에 우리에게 죄 없는 부활체를 허락하시는 것 같습니다. 하나님의 사랑이 극도로 부어져도 죄성의 영향이 전혀 없이 삼위 하나님을 온전히 사랑할 수 있도록 하시려고 말입니다.

우리의 성욕과 '성욕'은 삼위 하나님을 온전히 증거하고 누리는 수단이 되어야 합니다. 무엇보다 연인들은 결혼 전까지 허용된 범위 내에서 그것을 적절히 누리며 힘써 다스리고, 또한 결혼한 부부들은 언약 가운데 서로의 모든 것을 공유하며 그리스도와 교회의 신비적 연합을 드러내도록 힘써야 합니다! 크리스천 연인들의 근원적인 욕구가 하나님의 주권과 그분의 뜻에 철저히 종속될 때, 연애관의 근본적인 회심이 일어날 것이라고 저는 확신합니다.

나눔과
적용을
위한
질문

1. 결혼 전에 순결을 반드시 지켜야 한다는 생각에 동의하는가? 만약 그렇지 않다면 무슨 이유로 그렇게 생각하고 있는가?

2. 평소에 내가 생각하는 '스킨십'의 허용 범위는 어디까지인가? 왜 그렇게 생각하는지도 나누어 보라.

3. 현재 연애 중이라면 스킨십의 강렬함과 중독성에 마냥 굴복하고 있는가? 아니면 그것을 적절하게 통제하려고 둘이 함께 힘쓰고 있는가?

4. 연애하는 중에 사랑의 참된 증상을 어디에서 찾고 있는가?

5. 그(녀)와 연애하는 그 방식으로 하나님을 향하여 거룩한 욕구를 표현하고 싶지는 않는가?

제6장

교회 현실과 실제 연애

짝을 찾기 힘든 현실

　현장 사역자로서 갈수록 많이 듣는 말이 있습니다. 교회 안에서 짝을 찾으려니까 정말 힘들다는 것입니다. 형제보다는 자매들에게서 그런 말을 자주 듣습니다. 그래서 저도 다른 청년 사역자들처럼 거룩한 부담감을 가지고 있습니다. 어떻게 하면 교회 청년들이 좋은 짝을 만나서 아름답게 연애하고 결혼할 수 있을지를 두고 진지하게 고민합니다. 자주 시도하는 '청년연합수련회'와 '결혼예비학교'도 그 고민의 일환입니다.

　실제로 교회 안에서 자매들이 짝을 찾기 어려운 상황입니다. 모든 교회가 그런 것은 아니지만, 대체적으로 교회에는 여성도가 훨씬 더 많습니다. 특히 결혼 적령기에 있는 미혼 청년들의 경우는 더욱 그런 상황입니다. 서울의 어느 교회에서는 형제 한 명을 놓고 열 명의 자매들이 '기도 전쟁'을 벌였다는 에피소드가 있습니다.[52]

　교회에 자매들이 많은 이유가 다양할 것입니다. 그중에서 저의 분석으로는, 신앙생활을 지속하는 태도와 패턴이 남녀별로 다르기 때문입니다. 제가 지켜보기에 대체적으로 자매들이 형제들보다 신앙생활을 꾸준하게 하는 듯합니다. 자기 의지로 꾸준하게 한다기보다, 교회의 지도와 부모님 말씀에 형제들보다는 비교적 잘 따르는 것 같습니다. 물론 그렇지 않은 경우도 있습니다.

★
52) 이애경, 『기다리다 죽겠어요』 (서울: 터치북스, 2012), 24-26.

형제들은 특히 대학에 진학해서 부모의 영향력을 벗어나면 상당수가 오랫동안 신앙의 방황기를 보냅니다. 그전부터 접하던 교회 밖의 자극적인 문화에 본격적으로 심취하기 때문입니다. 부모 곁을 떠나 자신이 결정권을 가지고 여러 가지 일탈을 시도해 봅니다. 성적 일탈뿐만 아니라 신앙의 가치에 반하는 여러 문화에 자신을 노출시키면서, 어떤 경우에는 한동안 그 문화를 탐닉하기도 합니다. 특정 지역과 세대에 따라서는 자매들도 비슷한 경향을 보이기도 합니다.

여하튼 형제들은 보통 스무 살이 넘으면 방황을 시작하다가 심해지면 마흔이 넘어서 신앙의 철이 드는 경우가 많습니다. 이런 이유로 20-40세 사이의 미혼 남녀 비율이 교회에서 크게 엇갈리게 됩니다. 자매들은 특별한 경우가 아니면 노골적으로 영적 반항을 표출하지 않기 때문에, 그 연령대에서 교회 안에 형제들보다는 훨씬 많이 남아 있습니다.

이런 현실을 고려하여 사역자들은 교회 청년들의 연애를 지혜롭게 지도해야 합니다. 교회 안에서 특히 자매들이 믿음의 짝을 찾기가 얼마나 어려운가를 깊이 공감하고, 이런 현실적인 문제에 적절한 대안을 제시하며 연애의 신앙적 원리를 가르쳐야 합니다. 그렇지 않고 신학적 전제들만 가지고 일방적으로 떠드는 것은 청년들과의 대화를 갈수록 닫히게 만듭니다.

저는 예전부터 청년연합수련회 프로그램 중에 연애 관련 강좌나 모임을 넣고, 또 연애학교 또는 결혼예비학교를 수련회와는 별도로 개설했습니다. 어느 지역에서는 청년들조차 이런 시도를 마치 세속적인 것으로 생각했지만, 대체적으로는 긍정적인 반응이었습니다. 저의 학창 시절만 해도 교회에서 그런 프로그램은 상상조차 못했습니다. 시골 지역이라서 그럴 수도 있지만, 교회 어른들은 평소에 예배당을 '연애당'으로 만들지 말라고 자주 질책하셨습니다.

연애에 대한 부정적인 인식이 교회에 깊이 뿌리내렸기 때문에 우리 청년들은 그동안 성경적인 연애관을 체득할 기회가 없었습니다. 교회 안에서 짝을 찾기가 가뜩이나 힘든데, 그런 인식 때문에 교회 공동체에서 연애를 적극적으로 시도하지 않는 듯합니다. 이에 대한 반작용으로 언젠가부터 교회 안에서 연애와 결혼 강좌를 우후죽순 개설하기 시작했는데, 저의 진단으로는 많은 경우에 발달심리학적 측면에서 다루고 있습니다.

이제는 좀 더 균형 잡힌 시각에서 교회 청년들의 연애를 수면 위로 끌어올려야 합니다. 청년기의 가장 큰 기도제목인 연애 문제를 두고 교회 사역자들이 힘을 모아 여러 측면에서 접근해야 합니다. 그리고 청년들의 연애 문제만큼은 개교회주의에서 벗어나 교파를 초월하여 실제적으로 연합할 필요가 있습니다. 청년연합수련회나 연애학교 또는 결혼예비학교 등을 지역 교회들이 서로 연합하여 개설할 필요가 있습니다. 특정 기관이나 대형 교회가 주도하는 강좌보다는, 청년 사역자들이 서로 협력하는 연합의 장에서 다루는 것이 좋다고 생각합니다.

아무튼 청년들이 교회에서 짝을 찾기가 점점 힘들어지는 상황입니다. 특히 30대 후반부터 마흔을 넘기는 미혼 자매들이 많아져, 어린 후배들과 함께 청년부서 예배에 참석하기 힘들어 합니다. 청년 사역자들 사이에서 실제적인 고민거리로 대두되고 있습니다. 심지어 별도의 부서를 만들어야 되지 않느냐는 말까지 나옵니다. 청년들이 많이 모이고 사역자 수급이 원활한 교회는 그런 방법도 시도해 볼 수 있지만, 청년부서가 크지 않은 교회는 그것조차 엄두도 못 내는 실정입니다.

이애경 작가의 책 제목(『기다리다 죽겠어요』)처럼, 교회 청년들의 현실을 심각하게 고민해야 합니다. 생각보다 많은 자매들이 미래의 그이를 만나기 위해 기도하며 기다리다가 죽을 지경입니다. 이 문제 때문에 교회를 옮기는 경우도 있습니다. 심지어 부모가 중직자인데도 오히려 부모의 권유로 형제들이 많은 큰 교회로 옮기는 사례도 있습니다. 한 교회에서 오랫동안 함께한 형제들은 전혀 남자로 안 보이고, 더욱이 사역자들은 비신자와 결혼하면 절대 안 된다고 끊임없이 '세뇌'시키기 때문에, 우리 자매들이 여러 가지로 마음이 힘든 것 같습니다.

더욱이 교회가 자매들을 사역적으로 붙들어 매는 경우도 있습니다. 제가 볼 때 가장 무책임한 사역자는 마치 교회 섬김의 대가로 멋진 형제가 자매에게 주어질 것 같은 환상을 심어 주는 것입니다. 심지어 하나님 나라와 교회를 위해 헌신한 정도에 따라, 미래의 배우자 자질이 결정되는 것처럼 생각하게 만듭니다. 그런 사역자들은 정말 하나님께 크게 책망 받을 것입니다.

물론 교회 어른들이 열심히 헌신하는 자매를 알아보고 다른 교회의 형제를 소개시켜 줘서 연애하다가 극적으로 결혼하는 경우도 있습니다. 하지만 교회 안의 자매 숫자에 비하면 그런 식으로 연애하고 결혼하는 경우는 정말 소수에 불과합니다. 이제 한국 교회와 특히 청년 사역자들은 자매들의 연애와 결혼 문제를 두고 심각하게 고민하며 실제적으로 접근해야 합니다.

자매들의 연애와 결혼 문제는 결국 형제들의 연애와 결혼 문제와도 직결됩니다. 연애와 결혼에는 상대가 필요하기 때문입니다. 그래서 가장 좋은 방법은 형제들이 교회를 떠나지 않고 꾸준하게 신앙생활을 하도록 확실하게 지도하는 것입니다. 20-30대 형제들이 세상의 그녀들에게 정신이 팔려 신앙적으로 방황하지 않도록 중고생 시절 때부터 단단히 교육시킬 필요가 있습니다.

그런데 이 세대의 세속적 흐름이 강력하고 본능에 충실한 형제들의 기질 때문인지 생각보다 쉽지는 않습니다. 고강도(?)의 신앙훈련을 통해 살아남아 교회에 정착한 형제들은 희한하게도 목회자나 선교사나 선교단체 간사로 헌신하려고 합니다. 저도 속하는 이런 범주의 형제들은 자매들이 결혼상대로 만나기에 가장 부담스러워하는 존재들입니다. 그래서 자매들이 교회 안에서 짝을 찾기가 더더욱 힘든 실정입니다.

이런 현실과 그 밖의 여러 가지 이유를 고려하면서 청년들의 연애 문제를 지도해야 합니다. 저는 이 책의 원리들을 분명한 어조로 가르치되, 신학적 전제들만 가지고 청년들의 현실을 무작정 재단하지는 않습니다. 이 책의 원리에 따라 믿음의 교제를 하고 싶어도 믿음이 부실한 형제나 자매이기 때문에 그럴 수 없는 경우가 있습니다. 사역자들은 우선적으로 청년들의 마음을 공감해 주고, 함께 아파해 줄 수 있어야 합니다. 그들을 사역의 대상이나 수단으로만 바라볼 것이 아니라, 그들에게 연애의 장과 결혼할 기회를 적극 마련해 줘야 합니다.

비신자와의 연애 문제

교회 안에서 짝을 찾기 힘들다 보니, 생각보다 교회 밖에서 찾으려는 경우가 많습니다. 사역 현장에서 잊을 만하면 듣는 자매들의 '불평'이 있습니다. 아무리 봐도 교회 안에서는 짝을 못 찾겠다는 것입니다. 그때마다 저는 큰오빠의 심정으로 어떻게 하면 자매들에게 연애의 장을 마련해 줄 수 있을지 깊은 고민에 빠집니다.

기다리다 죽을 지경이어서 그런지 어떤 자매들은 급기야 비신자와 연애를 시작해 버립니다. 본인 신앙이 불분명해서 아무 생각 없이 비신자와 연애하고 결혼하는 경우도 있지만, 더 이상 기다릴 수 없어서 어쩔 수 없이 그런 선택을 하는 경우도 있습니다. 이유야 어찌되었든 안타까운 마음으로 지켜봅니다. 교회 안에서 형제 만나기가 무척 힘든 현실과 그런 선택이 무작정 불신앙으로 비춰질까 봐 노심초사하는 자매들의 마음이 참 안타깝게 느껴집니다.

그럼에도 저는 타협할 수 없는 원칙을 두고 있습니다. 굳이 비신자와 연애하겠다고 하면 저는 무작정 반대하지는 않습니다. 단, 그가 '비신자인 상태에서' 결혼은 하지 말라고 권면합니다. 이것은 저의 권면이기 전에 하나님의 말씀이 그렇게 명령하고 있습니다.

[14]너희는 믿지 않는 자와 멍에를 함께 메지 말라 의와 불법이 어찌 함께 하며 빛과 어둠이 어찌 사귀며 [15]그리스도와 벨리알이 어찌 조화되며 믿는 자와 믿지 않는 자가 어찌 상관하며 [16]하나님의 성전과 우상

이 어찌 일치가 되리요 우리는 살아 계신 하나님의 성전이라 이와 같
이 하나님께서 이르시되 내가 그들 가운데 거하며 두루 행하여 나는
그들의 하나님이 되고 그들은 나의 백성이 되리라

고린도후서 6장 14-16절에 나오는 말씀입니다. 14절에 보면 분명히
"너희는 믿지 않는 자와 멍에를 함께 메지 말라"고 되어 있습니다. 물론
이것은 결혼 문제만이 아니라 당시 고린도 교회의 부정함을 두고 사도
가 총체적으로 비판한 내용입니다. 특히 자칭 성도라고 하면서 사도의
가르침을 대적하고 고린도의 우상숭배와 부도덕함을 교회 안에 퍼뜨리
는 자들과 멍에를 함께 메지 말라는 뜻입니다. 당시 고린도 교회에 음행
문제가 심각하게 대두되었기 때문에, 이 말씀을 결혼 문제에도 당연히
적용할 수 있습니다.

16절에서 보듯이, 비신자("믿지 않는 자")와 결혼하는 것은 하나님의
성전인 우리 몸을 우상과 결합시키는 가증한 행위입니다. 우리가 그리
스도와 연합된 상태이기 때문에 우리가 비신자와 결합하는 것은 마치
그리스도를 그 현장으로 끌어들이는 것과 같습니다. 이미 15절에서 "그
리스도와 벨리알이 어찌 조화되며"라고 말씀하고 있습니다.

살아 계신 하나님께서 결혼한 부부의 가정에 거하시고 그들이 하나
님의 성전이 되기를 원하시는데(16절), 어찌 우리가 그분의 말씀을 어기
고 비신자와 결합할 수 있겠습니까? 믿지 않는 그들과 함께 하나님 나라
를 꿈꾸는 영적인 교제를 나눌 수 있겠습니까? 더욱이 하나님은 결혼한
부부를 통해 "경건한 자손을 얻고자" 하시는데(말 2:15), 하나님을 모르는

배우자를 통해 경건한 언약 자손을 배출해 낼 수 있다고 생각합니까?

정말 힘들고 안타까운 현실에서도 절대 타협할 수 없는 기준을 정해야 합니다. 교회의 거룩성과 크리스천 연애의 구별됨이 바로 그런 데에서 드러납니다. 나의 가장 근원적인 욕구조차 하나님의 주권에 굴복시키고, 힘든 현실 가운데 그분의 선한 이끄심을 묵묵히 기다리는 것이 우리의 사명입니다.

저는 비신자와 결혼하는 것은 반대하지만, 그가 언약 백성으로 거듭난 후에 결혼하는 것은 전혀 반대하지 않습니다. 어느 의미에서는 정말 칭찬 받을 일입니다. 하지만 분별의 과정이 꼭 필요합니다. 결혼하기 전에 그 형제가 정말로 거듭났는지 공동체 차원에서 검증해야 합니다. 그래서 미혼의 자매들에게 당부합니다. 비신자와 연애하고 싶다면 하되, 결혼은 형제가 세례를 받고 공적으로 신앙고백을 할 때까지 좀 기다려 달라고 말입니다. 제가 지도한 커플 중에 실제로 그런 경우들이 있습니다. 반대의 경우도 마찬가지입니다. 요즘은 믿음이 좋은 형제가 교회 밖에서 자매를 데려오는 경우도 많습니다.

특히 남자들의 특성상 여자와 결혼하기 위해서라면 무슨 일이든지 거의 감내합니다. 심지어 회심하지도 않았는데 기존 교인보다 더 교인인 것처럼 교회생활에 충실하기도 합니다. 그러다가 결혼하고 얼마 지나지 않아 본색을 드러내는 경우가 있습니다. 제가 아는 어떤 분도 그렇게 해서 결혼했는데, 딸이 출생하고 아빠 얼굴을 알아보기도 전에 이혼해 버렸습니다. 이유는 단 하나, 교회 다니는 여자와 답답해서 남편이 도저히 같이 못 살겠다는 것입니다.

물론 이혼하지 않고 비신자인 배우자와 계속 같이 사는 경우가 대부분입니다. 신혼 초기에는 사랑 호르몬 분비가 왕성하기 때문에 마냥 좋아하다가, 호르몬의 영향력이 소멸되면 그때부터 결혼생활의 이유를 사랑 외에 다른 것에서 찾기 시작합니다. 특히 믿음의 배우자는 본능적으로 영적 갈망을 느끼게 되어 있습니다. 가장 가까운 배우자와 영적인 교제가 불가능함을 깨닫고 그때부터 답답해하거나 심지어 결혼을 후회하는 경우도 있습니다.

하지만 때는 늦었습니다. 평생 한 영혼의 구원을 위해 하나님께 부르짖으며 가정을 선교지로 여기며 살아야 합니다. 가정은 하나님 나라를 위한 선교기지이지 선교지가 아닙니다! 믿지 않는 자와 멍에를 함께 한 대가를 뼈저리게 치르면서 살아야 합니다. 물론 주께서 긍휼을 베푸셔서 믿지 않는 배우자가 빨리 회심하고 함께 신앙생활을 하는 복된 경우도 있습니다. 하지만 많은 경우에는 믿지 않는 배우자를 전도하려고 정말 오랜 세월을 보냅니다. 제가 아는 어떤 여전도사님은 평생 남편의 회심을 두고 기도했는데, 당신이 죽기 얼마 전에 기도제목이 이루어졌습니다.

그럴지라도 하나님의 섭리를 나의 이성으로 제한해서도 안 됩니다. 비신자 상태에서 믿음이 좋은 자매와 결혼하고 회심하여 하나님께 크게 쓰임 받는 형제도 있습니다. 지금은 고인이 되었지만 한동대 초대총장 김영길 장로님 같은 경우가 그렇습니다. 그분은 미국 유학 중에 한국의 신붓감을 소개 받아 사진으로만 1년간 편지로 교제했고, 심지어 선을 보러 나갈 때 형님이 대신 나갔다고 합니다.[53] 또 여자 쪽에서 결혼하려면 남편 될 사람이 교회 다녀야 한다는 조건을 내걸었습니다. 그렇게 하겠다고 해서 결혼하고 시간이 흘러 정말로 회심하게 되었습니다. 하나님께서 그분을 어떻게 쓰셨는지는 제가 굳이 언급 안 해도 될 것 같습니다.

이러한 하나님의 섭리도 있기 때문에 무작정 내가 가진 신학적 전제에 모든 일이 들어맞아야 한다고 생각해서는 안 됩니다. 때로는 비신자와 결혼하는 아쉬운 선택을 하더라도, 그것을 도리어 선한 결과로 이끄시는 하나님의 은혜가 부어질 수 있음을 믿어야 합니다. 그렇다고 이런 예외적인 경우를 핑계 삼아 아무 생각 없이 비신자와 연애하겠다고 합리화시키지 말기 바랍니다.

여하튼 비신자와의 연애 문제를 단순하게 접근해서는 안 됩니다. 은혜에 반응하여 할 수만 있다면 모든 크리스천 미혼 남녀가 철저하게 성경 말씀에 따라 믿음의 짝을 찾을 수 있기를 바랍니다. 혹시 현실적인 문제로 비신자와 어쩔 수 없이 연애하게 되면, 반드시 그(녀)가 회심하여 세례를 받고 신앙생활을 시작할 때까지 기다리기를 바랍니다. '나도 한동대 초대총장님처럼 예외일 거야!'라는 생각으로 섣불리 비신자와 결혼할 생각은 하지 말기 바랍니다. 그렇지 않으면 평생 한 영혼만 전도하다가 인생을 마감할지도 모릅니다.

★
53) 신상목, "[역경의 열매] 김영길〈5〉: 사진으로만 본 신붓감과 1년 편지교제 끝 결혼", 『국민일보 미션라이프』 2016년 6월 16일, http://news.kmib.co.kr/article/view.asp?arcid=0923566809&code=23111513&cp=nv.

눈높이를 좀 낮추자!

　크리스천 미혼들이 연애하기 힘든 이유가 그들 자신에게도 있습니다. 형제들은 갈수록 패배의식에 사로잡혀 연애 자체를 시도하기 무서워하고, 자매들은 갈수록 눈이 높아져 연애 상대를 찾는 자체를 힘들어 합니다. 물론 반대의 경우도 있으니, 서로 기분 나빠 하지 말기 바랍니다.

　한번은 어떤 자매와 상담하면서 자기 이상형에 대해 들은 적이 있습니다. 신앙은 당연히 기본이고, 준수한 외모와 큰 키에 평균 이상의 경제력과 믿음의 집안이면 된다고 했습니다. 그리고 '촌철살인'(寸鐵殺人) 같은 말을 하나 덧붙였습니다. 사역자는 되도록 피하고 싶다는 것입니다. 그 말을 듣는 순간, 제가 만일 미혼이었다면 절대로 자매와 연애를 시작조차 할 수 없겠다는 확신이 들었습니다. 신앙 빼고는 자매의 이상형에 부합되는 게 하나도 없었기 때문입니다.

　"신앙은 당연히 기본"이라는 말이 무슨 뜻일까요? 신앙 외에 다른 것들도 있어야 한다는 말입니다. 여태껏 연애 상담하면서 특히 자매들 입에서 신앙이 전부인 형제를 만나고 싶다는 말을 한 번도 듣지 못했습니다. 형제도 대체적으로 비슷합니다. 한번 생각해 보기 바랍니다. 지금 교회 안에는 자매들 눈에 충족되는 형제들이 생각보다 많지 않습니다. 신앙이 뜨겁고 좋으면 보통 사역자가 되려고 하는데, 이것은 자매들이 굉장히 부담스러워합니다. 외모가 준수하다 싶으면 신앙이 부실합니다. 또 굉장한 믿음의 집안이긴 한데, 형제의 경제력이 자기 눈에 형편 없어 보입니다.

이것저것 고려하다 보면 연애할 사람이 정말로 보이지 않습니다. 가뜩이나 교회에 결혼 적령기의 형제들이 부족한 상황입니다. 자매들을 위해 적나라하게 조언하고 싶지만, 남자 사역자인 제가 그렇게 하면 마음만 상할 것 같습니다. 그래서 같은 여자로서 자매들에게 '촌철살인' 같은 조언을 남긴 책을 추천하고 싶습니다. 이미 앞에서 언급한 책입니다. 이애경 작가의 『기다리다 죽겠어요』라는 책을 꼭 읽어 보기 바랍니다. 저와는 달리 탁월한 필치로 글을 맛깔스럽게 쓰기 때문에 정말 시간 가는 줄 모르고 읽을 겁니다. 특히 2장, "변명하지 말자, 결혼을 못한 데는 분명 이유가 있다"의 내용을 정독하기 바랍니다.

저는 닉 부이치치(Nick Vujicic)의 연애와 결혼 스토리를 들으면서 정말 큰 감동을 받았습니다. 팔다리가 없는 장애의 몸으로 아리따운 자매와 연애를 시작하여 결혼에 성공했습니다. "다른 건 다 해도 결혼은 못할 것 같았다"[54]는 그의 생각과는 달리, 우리가 보기에도 한계를 뛰어넘는 사랑을 나누었습니다. 닉의 드라마틱한 청혼을 받아들여 그녀는 결혼생활을 시작했습니다. 어느 날 시부모가 걱정하는 마음으로 "팔 다리가 없는 아이가 태어나면 어떻게 하나?"고 묻자, 그녀는 닉과 같은 아이 5명을 낳아도 닉을 사랑하듯 사랑할 것이라고 대답했습니다.[55]

이런 연애는 우리가 세워 놓은 기준으로는 절대 불가능합니다. 그리

★
54) 닉 부이치치 외, 『닉 부이치치 부부의 한계를 껴안는 결혼』, 정성묵 옮김 (서울: 두란노, 2017), 13.
55) 유원정, "'힐링캠프' 닉 부이치치, 아내와 러브 스토리도 '뭉클'", 『CBS노컷뉴스』 2013년 6월 18일, https://www.nocutnews.co.kr/news/1052676.

스도 안에서 하나님의 사랑과 그 신앙이 나의 전부가 되지 않으면, 연애는 물론 결혼은 더더욱 불가능합니다. 그 둘은 그야말로 조건 없는 사랑에 미친 커플입니다. 하나님을 향한 믿음(신앙)과 그분의 사랑만이 그들의 전부가 된 경우입니다.

곰곰이 보면 닉의 연인이 누구를 많이 닮지 않았습니까? 당신에 비해 한없이 초라한 나를 위해 스스로를 무한히 낮추시고, 사랑 받을 조건이 전혀 없는 나를 위해 당신의 모든 것을 주신 예수 그리스도! 영적 장애로 점철된 나 같은 죄인을 무조건적으로 사랑하시려고 십자가의 죽음을 기꺼이 감내하신 그분이 떠오르지 않습니까? 그리스도와 교회의 신비적 연합이 닉과 그의 아내를 통해 증거되고 있다는 생각이 들지 않습니까?

할 수만 있다면 크리스천 청년들이 그런 사랑을 추구하기를 소망합니다. 내가 설정한 이상형에 그(녀)를 끼워 맞추기 식으로 찾을 것이 아니라, 성령을 통해 부어지는 하나님의 사랑에 사로잡혀, 오직 신앙 하나로 하나님 나라를 꿈꾸는 그런 커플이 많이 생겨나기를 기도합니다. 그리스도께서 나를 사랑하시는 그 방식 그대로, 나도 그(녀)를 사랑하고 연애하며 결혼하게 되기를 간절히 바랍니다.

제가 너무 현실을 모른다고 생각합니까? 천만의 말씀입니다. 가정폭력과 이혼가정의 환경에서 자란 저는 평생 결혼할 수 없을 줄 알았습니다. 요즘 자매들이 말하는 이상형과는 완전히 거리가 먼 사람이었습니다. 가정에 산더미 같은 부채를 떠안고 있었고 믿음의 집안은 더더욱 아닐 뿐더러, 어릴 적 가정불화 때문인지 말을 심하게 더듬거렸습니다(유창성 장애). 지금도 설교와 강의 때 외에는 별반 차이가 없습니다.

하지만 비교적 어린 나이에 하나님의 사랑을 깊이 경험했습니다. 아버지가 몸져누워 계실 때 우연찮게(?) 집에 찾아온 교인들의 전도를 받고 신앙생활을 시작했습니다. 그때부터 저는 아무것도 가진 게 없어도 주님만 있으면 족하다는 믿음이 생기기 시작했습니다. 물론 첫사랑과 헤어져 20대 초반에 심하게 방황한 적도 있습니다. 그러나 주님의 사랑에 사로잡혀 하나님 나라를 늘 꿈꾸고 있었습니다. 연애를 하면 좋겠지만 집안환경과 경제력을 볼 때 도저히 자신이 없었습니다. 간혹 모성애가 발동해서인지 저를 좋아해 주는 자매가 있긴 했습니다. 그 가운데 잠시 교제한 자매도 그쪽 집안의 극심한 반대 때문에 일주일 만에 헤어져야 했습니다.

그러던 중에 당시 교회 누나의 소개로 지금의 아내를 만나게 되었습니다. 첫 만남부터 모든 걸 사실대로 말해 버렸습니다. 소개팅 첫날에 해서는 안 될 골치 아픈 집안 이야기와 나의 핸디캡, 또 나중에 알면 싫어할 만한 내용들을 다 말했습니다. 어차피 그런 것들이 싫어서 언젠가는 자매가 헤어지자고 하든지, 아니면 자매 부모님이 헤어지라고 말할 것 같았기 때문입니다.

기대를 접고 마무리하려는데, 그녀가 뜬금없이 그런 게 다 무슨 상관이냐고 말했습니다. 만약 사랑하는 사이가 된다면 그런 것들은 충분히 함께할 수 있다고 오히려 저를 위로해 주었습니다. 그날부터 곧바로 연애가 시작되었고, 중간에 그녀 친구들의 염려 때문에 잠시 헤어졌지만, 또다시 재개된 연애는 급속도로 결혼까지 발전하게 되었습니다. 둘다 26세의 젊은 나이로 2005년 7월에 결혼식을 올렸습니다.

바울의 고백대로, "내가 나 된 것은 하나님의 은혜로 된 것"(고전 15:10)이고, 하나님이 짝지어 주신 아내의 아낌없는 헌신과 수고 덕분에 그나마 이 정도가 되었습니다. 나중에 알고 보니, 아내는 저를 만나기 전에 미래의 배우자를 두고 기도하며 은혜를 받아 눈높이를 많이 낮춘 상태였습니다. 만일 아내가 결혼 전에 눈높이를 그대로 유지했다면, 지금의 저는 없었을 것입니다. 역시 자매들이 눈높이를 좀 낮추어야지 저 같은 형제가 구제를 받을 수 있나 봅니다!

사실 눈높이를 낮춰야 하는 것은 형제와 자매 모두에게 해당됩니다. 신앙과 그 밖의 다른 스펙까지 두루 갖춘 형제들은 자매의 외모를 너무 고려하지 않기를 바랍니다. 나이가 들면 외모의 평준화가 오기 때문입니다. 또 자매들은 괜찮은 형제가 안 보이면 차라리 평생 혼자 살겠다고 고집 부리지 말기 바랍니다. 연애 때 괜찮아 보여도 막상 결혼해 보면 남자들은 저를 포함해서 다 거기서 거기입니다. 오직 우리를 불쌍히 여기시는 주님의 은혜만이 있을 뿐입니다.

우리 모두는 그리스도께서 우리의 신랑이 되시려고 당신의 눈높이를 한없이 낮추신 것을 늘 기억해야 합니다. "내가 너희를 사랑한 것 같이 너희도 서로 사랑하라"(요 13:34)는 그분의 말씀을 정말로 실천해야 합니다. 연애 문제만큼은 그 말씀에서 예외라는 생각을 내려놓기 바랍니다! 앞서 소개한 닉의 아내처럼 우리 청년들도 그리스도 안에서 서로를 향한 눈높이를 대폭 낮추는 '은혜'가 있기를 간절히 바랍니다.

연애 중의 남녀 역할

제1장에서 연애와 결혼과 궁극적 실체에 대해 다루었습니다. 문맥의 흐름상 나중에 다루려고 했던 부분이 있습니다.[56] 연애에 있어 남녀 역할에 관한 부분입니다. 성경 말씀에 근거하여 우리는 결혼생활 중에 남편과 아내의 역할이 구별되어 있다고 말해야 합니다. 즉, 그리스도께서 교회의 머리 되심처럼 남편이 아내의 머리가 되고, 그래서 아내들이 자기 남편에게 복종해야 하며, 또 남편들은 아내를 사랑하되 그리스도께서 교회를 사랑하시고 교회를 위하여 자신을 주신 것 같이 해야 합니다(엡 5:23-25).

저의 말이 아니고 사도를 통해 들려주신 하나님의 말씀입니다. 그래서 아내들이 자기 남편에게 '복종'하라는 말에 여성들이 불쾌하게 생각하지 말기 바랍니다. 그리스도께서 교회의 머리 되심이 가정에서 남편을 통해 드러나야 한다는 언약적 역할 때문에 그렇게 하라는 것이지, 남편의 됨됨이 때문에 무작정 복종하라는 말이 절대 아닙니다. 만약 남편이 그리스도와 같은 역할을 수행하지 않고 결혼의 언약에도 충실하지 않으면, 우리 아내들이 남편을 호되게 질책해서 그리스도께로 인도해야 할 사명이 있습니다.

그런데 연애하는 중에도 이 본문에 근거해서 남녀의 역할이 고정되

★
56) 제1장, 46쪽.

어 있다고 말할 수 있을까요? 전혀 그렇지 않습니다. 예전에 어떤 대학생 커플을 지도한 적이 있습니다. 둘 다 신앙이 좋아 공동체에 귀감이 되고 누가 봐도 건전하게 연애를 하고 있었습니다. 시간이 지날수록 둘의 관계가 깊어졌고 조만간 결혼할 것 같은 분위기였습니다.

하지만 형제가 조금 지나쳐 보였습니다. 스킨십이 지나치다는 말이 아니고, 연애를 대하는 태도가 마치 기혼자처럼 보였습니다. 자매에게 "우리의 사랑은 언약"이라는 말을 하는가 하면, 나름대로의 신학 지식으로 연애 중의 남녀 역할에 대해 뚜렷한 생각을 가지고 있었습니다. 그 생각은 아까 언급한 에베소서 본문에 기초하고 있었습니다. 즉, 형제가 자매의 머리 됨이라고 말하고, 이것이 성경에서 말하는 연애라는 것입니다.

천만의 말씀입니다! 연애하는 남녀는 아직 언약 관계가 아닙니다. 결혼과는 달리 연애는 파기될 가능성이 얼마든지 있습니다. (실제로 그 커플은 헤어지고 말았습니다.) 연인들이 아무리 서로 사랑하고 하루라도 안 보면 미칠 것 같아도, 연애 중에 경험하는 사랑은 엄밀한 의미에서 아직 '사랑'이 아닙니다. 강력한 호르몬 분비에 따른 극도의 친밀감입니다. 성경이 말하는 사랑은 언약적 사랑입니다. 다시 말해, 파기될 수 없는 언약에 기초하여 서로 사랑하는 가운데 또다시 그 언약에 함께 신실해야 하는 '선순환적 사랑'입니다. 제3자가 끼어들 수 없는 배타적인 신실함입니다. 이것은 결혼을 의미합니다. 여기에 대해서는 다음 장에서 자세히 다루도록 하겠습니다.

따라서 언약 관계가 아닌 연인들은 에베소서 본문을 근거로 남녀의 역할을 고정되게 주장할 수 없습니다. 물론 연애 때부터 형제가 그리스도께서 교회를 사랑하신 것처럼 자매를 사랑하고, 자매가 그분의 몸 된 교회처럼 형제의 보호를 받을 수 있습니다. 이것은 언약 관계에 따른 고정된 역할이 아니고, 결혼 전에 언약 관계의 내용을 미리 훈련하는 차원입니다.

요즘에는 갈수록 교회 안에서 자매들의 영적 역량이 뛰어납니다. 앞서 언급했듯이, 고등학교를 졸업하고 부모 곁을 벗어나면 특히 형제들이 한동안 정신을 못 차립니다. 제 주변에도 그때부터 10-20년 방황하다가 이제 겨우, 아내의 끊임없는 관심과 헌신으로 신앙을 회복한 40대 남편들이 많습니다. 이러한 교회 현실에서 우리 자매들이 연애 때부터 형제에게 그리스도의 깊은 사랑과 보호를 기대한다는 건 거의 희망사항에 가깝습니다.

그래서 우리 자매들은 교회 안에서 이중고(二重苦)를 겪는 것 같습니다. 신앙이 부실하거나 '장기 실종한' 형제들 때문에 교회에서 더 큰 사역을 감당해야 하고, 그러면서도 믿음의 짝을 찾아야 하는 큰 수고를 해야 합니다. 자매들이 부실한 형제들을 영적으로 키워 연애를 하고 결혼을 해야 할 판입니다.

이런 안타까운 현실은 연애 중에 오히려 자매들에게 그리스도의 역할을 하도록 만듭니다. 실제로 그렇게 해야 하는 커플을 자주 봅니다. 형제는 단지 자매가 좋아서 겨우 신앙생활을 이어 가는데, 자매 입장에서는 형제가 좀 더 믿음이 자라기를 간절히 바라고 있습니다. 형제가 어릴 때 유아세례를 받고 입교를 했어도 자매 눈에는 그냥 종교인처럼 보입니다. 비신자를 데려온 자매들은 어떻게 해서든지 개종시켜 세례 교인이 되도록 백방으로 헌신하고 있습니다.

많은 경우에 우리의 교회 현실이 그러합니다. 그래서 자매들에게 심심한 위로와 감사를 보내고 싶습니다. 그대들의 한없는 수고와 헌신을 통해 교회 안에 형제가 소멸되지 않고 있기 때문입니다. 하나님 나라의 위대한 사명자들이 바로 그대들입니다. 아마 결혼한 후에도 한동안 그러한 수고를 해야 할지 모릅니다. 남편이 속히 그리스도의 역할을 가정에서 충실히 하도록 아내들이 믿음의 수고를 감당할지도 모릅니다.

정리하자면, 연애 중의 남녀 역할은 얼마든지 유동적입니다. 자매들 입장에서는 영적인 공급과 돌봄을 기대하겠지만, 만일 그렇지 않다면 자매들이 그리스도의 마음으로 형제들을 다그치며 힘써 키워 주기 바랍니다. 하지만 결혼한 후에는 에베소서 말씀(5:22-25)처럼 남편과 아내의 역할이 고정되어야 합니다. 단번에 그렇게 될 수 없으니까 서서히 그렇게 되도록 아내들이 부실한 남편을 세워 주고 격려해 주기 바랍니다.

남편들은 그런 아내의 수고와 헌신을 보며 정신을 바짝 차리고 그리스도의 말씀에 더욱 순종하기를 바랍니다! 그리하여 주께서 이 땅에 세우신 결혼의 궁극적인 목적을 이루어 가기 바랍니다. 남편과 아내의 언약적 관계를 통해 그리스도와 교회의 신비적 연합을 온 세상에 증거할 수 있기를 소망합니다.

공동체적인 연애

우리는 하나님의 사랑으로 서로를 사랑하는 존재들입니다. 내 안에 내재된 사랑으로는 언젠가 한계에 부딪히기 때문입니다. 연애 중에도 마찬가지입니다. 연애 초기에는 강력한 호르몬 분비 때문에 쳐다보기만 해도 불꽃 튀는 사랑(?)을 하겠지만, 호르몬 '약발'이 떨어지면 위로부터 부어지는 사랑의 힘이 필요합니다.

성령을 통해 부어지는 그 사랑은 공동체적입니다. 왜냐하면 하나님의 본질 자체가 사랑이고, 삼위 하나님이 "사랑 가운데 서로 사랑하는 공동체를"[57] 이루셔서 그 사랑을 부어 주시기 때문입니다. 따라서 그 사랑을 경험한 우리의 모든 사랑도 공동체적이어야 합니다.

우리의 사랑이 공동체적이어야 한다는 말은 일차적으로 사랑을 하는 나 자신이 있고 사랑하는 대상이 있다는 의미입니다. 삼위 하나님이 영원 전부터 그 본질이 사랑이실 수 있는 이유도 그런 맥락입니다. 사랑의 대상인 우리가 없는 그 상태에서도 삼위께서 서로 사랑하시기 때문입니다. 구별된 '세 위격'(Three Persons)을 지니심에도 '한 하나님'(One God)으로 계시되는 것은, 하나의 본질을 갖게 하는 사랑 때문입니다. 이것이 바로 삼위일체 교리의 핵심입니다.

여하튼 연인이나 부부도 모두 공동체적 사랑을 하고 있습니다. 사랑

★
57) 권혁빈, 『사랑에 이르는 신학』 (서울: 두란노, 2018), 60.

을 하는 내가 있고, 사랑하는 대상이 있기 때문입니다. 이것은 '나와 너'
(I-You)라는 구조를 가집니다. 그렇기 때문에 제2장에서 논증한 것처럼,
사랑은 언제나 관계적입니다. '나와 너'라는 관계적인 구조는 그 둘에만
국한되지 않고, 사랑의 특성상 반드시 외부로 향하게 되어 있습니다. 삼
위 하나님의 그 사랑이 영원히 그 안에 머무르지 않고, 밖으로 표출되어
세상이 창조된 것과 동일한 이치입니다.

그렇다면 연인들의 사랑은 그 자체가 공동체적인 속성이면서 동시
에 둘이 몸담고 있는 그 공동체와 직결되어 있습니다. 사랑의 특성상 그
둘의 사랑이 계속 그 안에 머무를 수 없기 때문입니다. 반드시 그 둘의
사랑은 외부로 표출되어 공동체와 여러 측면으로 상호작용하게 되어 있
습니다.

따라서 크리스천 연인들은 반드시 공동체 안에서 서로 영향을 주고
받아야 합니다. 우선 그 둘의 사랑 에너지가 공동체 가운데 긍정적으로
흘러넘치도록 힘써야 합니다. 제대로 된 사랑이라면 둘 안에 머무르지
않고 밖으로 표출되기 때문입니다. 제1장에서 언급한 대로, 하나님 나
라를 꿈꾸며 같은 방향을 지향하는 커플이라면, 거대한 하나님 나라 안
에 자기 교회가 있고 그 교회 공동체 안에 자신들이 있음을 인식하게 됩
니다. 다시 말해, 자신들의 연애가 단지 서로를 위한 것이 아니고, 가깝
게는 몸담고 있는 공동체를 위하고 궁극적으로는 하나님 나라를 위한
것이라고 확신하게 됩니다. 그렇기 때문에 자신들의 사랑 에너지가 공
동체에 어떻게든지 기여하게 되기를 힘씁니다.

사랑의 공동체적 속성 때문에 크리스천 연애는 공동체와 분리될 수

없습니다. 이 말은 또한 공동체의 검증과 지도를 받아야 한다는 뜻입니다. 부득이한 경우가 아니면 적절한 시점에서 연인 관계라는 사실을 밝히는 것이 좋습니다. 그(녀)가 다른 공동체에 속한 사람이라도 마찬가지입니다. 특히 담당교역자나 임원 또는 리더들과는 적정 수준에서 공유해야 합니다. 절대 감시하려는 것이 아닙니다. 함께 고민하고 조력하려는 것이 목적입니다. 몰상식한 사람이 아니면 둘의 관계가 잘 진행되도록 협력하게 되어 있습니다.

저는 사역 현장에서 우리 청년들이 연애를 잘할 수 있기를 바라고 있습니다. 특히 한 공동체 안에서 건전하고 모범적인 커플이 많이 탄생하기를 소망합니다. 하지만 같은 공동체 안에서는 커플이 잘 이루어지지 않는 것 같습니다. 서로 너무 익숙해져서 그런지, 특히 자매들의 눈에는 한 공동체 안의 형제들이 '남자'로 안 보이는 것 같습니다. 어쩌면 그녀들이 그들을 식상하게 생각해서 남자로 보기 싫다는 뜻일지도 모르겠습니다.

아무튼 크리스천 연애는 둘 만의 상호작용이 아님을 기억해야 합니다. 자신들이 속한 공동체와 계속 영향을 주고받으면서 모두가 그리스도의 한 몸이라는 사실을 꼭 인식하고 있어야 합니다. 그(녀)와의 관계가 병들거나 틀어지면 공동체 전체에 악영향이 미치고, 반대로 그(녀)와의 관계가 아름답게 지속되면 공동체 가운데 선한 영향력이 흘러간다는 것을 알아야 합니다. 하나님 나라 가운데 교회가 서 있고, 교회 안에 여러분의 연애가 진행된다는 사실을 꼭 기억하기 바랍니다.

헤어짐을 두려워하지 말라!

연애 상담을 하다 보면 괜한 걱정을 하는 경우가 있습니다. 이제 막 연애를 시작해 놓고 이러다가 헤어지면 어쩌나 하고 벌써부터 걱정하기 시작합니다. 연애의 시작과 함께 헤어짐에 대한 걱정이 시작되는 것이지요. 어떤 청년은 너무 급속도로 친해지지 않으려고 오히려 연애에 브레이크를 걸기도 합니다. 연인 관계를 오랫동안 지속하고 싶다고 말입니다.

오늘날 연애 풍습은 '잘 헤어지는 법'을 모르는 것 같습니다. 어떻게 해서든지 연애를 시작해 보려고는 하지만, 연애가 지속되다가 이런 저런 이유로 자연스럽게 헤어지는 데는 굉장히 서툴러 보입니다. 심지어 헤어지자고 말한 것 때문에 분노를 절제하지 못해 데이트 폭력을 일삼거나 극단적인 일을 저지르는 경우도 있습니다. 헤어짐에 대한 가능성을 전혀 생각하지 않고, 자기 생각대로 연애가 지속되어야 한다는 극도의 강박 때문입니다.

이것은 비단 세상의 연인들만의 문제가 아닙니다. 제가 상담한 교회 커플 중에도 비슷한 경우가 있었습니다. 어느 날 자매의 이별 통보를 받은 형제는 도저히 그 사실을 받아들이지 못했습니다. 그래서 자매가 다닐 만한 모든 장소에서 기다리는가 하면, 심지어 자매의 집 앞에서 자매가 집에 들어올 때까지 기다리기도 했습니다. 이별 통보 후에도 형제의 무서운 집착은 수개월 동안 지속되었습니다.

어느 날 저는 무서워하는 자매를 다독거려 집까지 동행해 주었습니다. 정말 집요하게도 형제가 그날 밤에도 집 앞에서 기다리고 있었습니다. 그때 자매가 실신하는 바람에 저도 놀라고 형제도 놀라게 되었습니다. 허겁지겁 자매를 둘러업고 집에 들여보낸 그날의 에피소드는 지금도 잊을 수가 없습니다.

크리스천 연인이라고 해도 헤어짐을 제대로 준비하지 않으면 이런 사태가 발생할 수 있습니다. 이별 통보를 못 받아들이는 사람의 특징을 알아야 합니다. 엄청난 자기애(self-loving)에 사로잡혀 있는 경우가 많습니다. 이런 사람들은 그(녀)의 마음 상태보다, 힘들어하는 자기 마음과 자기 감정을 사랑하고 있습니다. 상대방이 관계를 지속하기 힘들어하는 이유를 들어야 하는데, 계속해서 자기 말만 반복하는 특징이 있습니다. 자신의 아픈 마음과 감정을 제발 헤아려달라는 간절한 몸부림이겠지요.

대개 이런 사람들은 하나님과의 관계에 근원적인 문제가 있습니다. 하나님을 예배하고 사랑한다고 하면서도 실제로는 하나님을 대하는 자기 마음을 사랑하고 있습니다. (그렇다고 구원 받지 못했다는 말은 아닙니다.) 그 내면을 분석해 보면, 하나님이 언제나 자기 말을 들어주신다는 '강한 확신'과 꼭 그렇게 해 주셔야 한다는 극도의 강박이 도사리고 있습니다. 제4장에서 논증한 대로, 하나님 사랑과 연인 사랑이 분리될 수 없기 때문에 그러한 심리 상태가 그(녀)에게도 표출되는 것입니다.

우리는 사랑이 무엇인지 제대로 알아야 합니다. 그(녀)를 사랑한다는 말은 그(녀)를 위해 모든 것을 감수한다는 뜻입니다. 또 그(녀)를 사랑한다는 말은 그(녀) 때문에 생기는 모든 상처와 고통을 끌어안는다는 뜻입니다. 그것이 심지어 이별 통보라고 해도 말입니다.

이런 맥락에서 보면, 인류 역사상 가장 고통스러운 이별은 골고다 언덕에서 일어났습니다. 하나님께서 당신을 완벽하게 사랑하셨던 예수님을 십자가 위에서 버리셨기 때문입니다.

나의 하나님, 나의 하나님, 어찌하여 나를 버리셨나이까? (마 27:46; 막 15:34)

이것은 '이별'을 당하신 예수님의 고통스러운 절규입니다. 당신께서는 하나님께 버림받게 된다는 사실을 처음부터 알고 계셨습니다. 이 땅에 계시는 동안 하나님을 완벽하게 사랑하시고도 온 세상을 위해 고통스러운 그 '이별'을 당해야 한다는 것을 말입니다!

그때 만일 예수께서 하나님의 마음보다 자신의 마음과 감정을 더 사랑하셨으면 어떻게 되었을까요? 온 세상을 향한 하나님의 구원 계획은 실패로 끝났을 것입니다. 아이러니하게도 당신이 당하신 고통스럽고 끔찍한 그 '이별'이 인류에게 구원과 평안을 가져다주었습니다.

마찬가지로 연인들의 이별이 서로에게 상처와 아픔만 남기는 것은 아닙니다. 무엇보다 십자가의 끔찍한 '이별'을 오감으로 묵상할 수 있는 절호의 기회입니다. 이게 무슨 뚱딴지같은 소리로 들립니까? 우리의 이별까지도 그분의 마음과 십자가를 묵상하는 재료로 활용되어야 합니다! 우리 죄인은 비슷한 처지에 있어 봐야지 서로 공감하게 되는 미숙함이 있습니다. 이별이야말로 십자가의 예수님처럼 사랑하고도 버림받을 수 있다는 것을 깨닫게 하는 최고의 경험입니다. 그(녀)에게 버림받아 고통스러워하는 그 정서 상태가 십자가의 그분과 닮아 있기 때문이지요.

이별 통보를 받은 연인들에게 감히 당부합니다. 십자가를 묵상하면서 그(녀)와의 이별을 묵묵히 받아들일 수 있기 바랍니다! 현재의 이별은 또 다른 만남을 위한 기회를 낳는 것이고, 가슴 아프겠지만 나의 이별은 다른 사람에게 만남의 기회를 제공하는 것입니다. 하나님 나라의 거대한 맥락에서 보면, 나의 이별조차 언젠가는 그 나라에 기여하게 됩니다.

저는 '첫사랑'과 헤어지고 나서 하늘이 무너지는 줄 알았습니다. 이별 통보를 받고 도저히 받아들이지 못해 한동안 계속 찾아갔습니다. 그녀의 근무처 앞에서 몇 시간을 기다려 퇴근 시간에 겨우 만났는데, 지금 다른 직원들과 가봐야 한다는 그녀의 말 한 마디에 곧바로 발걸음을 돌이킨 적도 있습니다.

그러던 제가 십자가의 사랑에 굴복되어 정신을 차리고 편지 한 통을 보냈습니다. 다시 시작하자는 편지는 아니고, 그리스도 안에서 미래의 배우자를 위해 진심으로 기도해 주겠다는 내용이었습니다. 더 이상 연인 관계가 아니라 하나님 나라를 위하는 동역자로 '사랑'하고 함께하겠다는 저의 결심을 보냈습니다.

놀랍게도 그녀는 지금까지 동역자로 연락하고 지냅니다. 서로의 배우자와 가정을 위해서 기도하며, 무엇보다 하나님 나라를 위해 여러 모로 협력하고 있습니다. 현재 저희 가정이 준비하는 선교 사역에도 물심양면으로 협력하는 중입니다. 20년도 더 지난 지금 와서 돌이켜 보면,

그때의 이별은 선교와 하나님 나라의 확장을 위한 일시적인 아픔이었습니다.

아무쪼록 이별을 앞두고 있는 청년들은 너무 상심하거나 두려워하지 말기 바랍니다! 그대들이 헤어질 때 하나님도 마음 아파하시며 지켜보실 겁니다. 당신께서도 '이별'을 경험하신 적이 있기 때문입니다. 그대들의 이별에만 매몰된 나머지, 정작 그대들을 향한 하나님의 원대한 계획을 놓치지 않기 바랍니다. 하나님 나라의 거대한 맥락에서는 영원한 이별도, 영원한 아픔도 없습니다. 다만 그리스도 안에서 영원한 기쁨을 함께 누리기 위해 '잠깐의 헤어짐'만 있을 뿐입니다.

 ## 연애에 관한 요약 및 조언

이제 다음 장에는 결혼과 관련된 내용이 나옵니다. 그전에 연애와 관련된 전체적인 요약과 실제적인 조언으로 마무리하려고 합니다. 아래에 없는 내용이라도 독자들이 스스로 이 책에서 얼마든지 요약하고 각자의 언어로 정리해 낼 수 있습니다.

1. 연애의 시작은 다양한 계기로 이루어진다. 하나님 나라를 꿈꾸는 같은 마음이면 좋겠지만, 실제로는 단순 호감이나 성적 매력에 이끌려 시작할 때도 많다. 한 가지로 제한하지 말고 모든 가능성을 열어 두라. 소개팅이 들어오면 신앙 외에는 이것저것 따지지 말고

일단 만나보라.

2. 마음에 드는 사람이 보이면 가장 먼저 그(녀)의 신앙부터 살펴보라. 혹시 신앙이 부실해 보이면 한 가지 결심을 해야 한다. 연애하면서 그(녀)를 신앙적으로 키우든지, 그게 자신 없으면 그냥 마음을 접는 것이 좋다. 특히 자매들은 사역자가 될 형제가 아니면 영적 공급을 기대하지 않는 게 마음 편하다.

3. 연애가 시작되면 서로를 여러 측면(신앙, 일상, 관계 등)에서 깊이 알아가야 한다. 스킨십이 진해질수록 서로를 제대로 알아가는 데 오히려 방해가 된다는 점을 명심하라. 적절한 스킨십을 활용하되, 절대 타협할 수 없는 지점을 서로 대화하며 하나님 앞에서 정하라.

4. 만약 결혼 전에 마지노선(키스, 성관계)을 넘었다면 그 즉시 회개해야 한다. 공개적인 죄 고백은 그다지 추천하지 않으며, 담당교역자나 부모나 믿음의 선배를 찾아가 상황을 알리고 그들이 보는 데서 참회의 시간을 가지고 두 번 다시 반복하지 않겠다고 약속하라. 그리고 말씀의 원리에 따라 그 둘은 반드시 결혼을 해야 한다(출 22:16; 신 22:29).

5. 성적 각성을 통제하면 할수록 나중에 신혼생활이 더욱 풍성해진다는 것을 기억하라. 더욱이 연애 때 그런 절제력을 힘써 키워야지,

결혼 후에 다른 이성을 향해 올라오는 성적 이끌림을 잘 통제할 수 있다. 결혼해도 우리의 성욕은 다른 대상에게 표출되려는 죄성이 도사리고 있다.

6. 특별한 이유가 없으면 연애 사실을 공동체와 공유해야 한다. 공동체와 상호작용하지 않는 연애는 결국 서로에게만 집중하게 만들고, 특히 그(녀)의 신앙과 됨됨이에 대한 객관적인 검증이 불가능해진다. 은밀하게 연애하려는 이유는 간단하다. 아무도 자기들 연애에 간섭하지 말라는 것이다.

7. 연애 중에 서로의 사명을 확인하고 조율하는 과정을 꼭 거쳐야 한다. 물론 그(녀)가 아직 '사명 미발굴자'라고 해서 연애를 포기할 필요는 없다. 연애 과정에서도 함께 하나님 나라를 꿈꾸며 얼마든지 사명을 발굴할 수 있다. 대개 어느 한쪽이 확실한 사명을 가지고 있으면 풍성한 연애를 지속할 수 있다.

8. 무엇보다 둘이 함께 하나님을 더욱 사랑하도록 힘써야 한다. '분할 할당 개념'에 빠지지 말고, 서로를 사랑할수록 하나님을 더욱 사랑하는 방식으로 신앙훈련을 계속하라. 아름다운 연애 시절을 보낸 기혼자들의 실제적인 조언을 경청하며 모방해 보라.

9. 관계가 깊어져 결혼을 생각한다면 반드시 부모와 공유하면서 결정

해야 한다. 결혼은 개인과 개인의 결합이 아니라 집안과 집안의 연합임을 기억하라. 특별한 이유가 아니면 부모가 지나치게 반대하는 결혼은 재고해 봐야 한다. 아니면 부모가 자녀의 결혼을 받아들이고 축복하려는 마음이 들도록 설득해야 한다.

10. 연애하다가 헤어지는 것을 두려워하지 마라. 서로 아무리 사랑해도 사명이 맞지 않고 또 기질이나 생각이 계속 부딪히면 헤어질 수도 있다. 다만 헤어지기 전에 시간을 갖고 '잘 헤어짐'을 준비하라. 만약 할 수만 있다면 서로의 미래 배우자를 두고 기도해 줄 것을 약속하고, 하나님 나라를 위해 동역자의 관계로 남도록 노력해 보라.

11. 만일 결혼 적령기를 놓치거나 다른 이유 때문에 독신으로 살아도 전혀 주눅들 필요가 없다. 연애와 결혼에 최대한 힘써야 하지만, 바울처럼 독신으로 살면서 하나님 나라와 교회에 크게 기여하는 경우도 있다. 연애와 결혼에 대한 절대성에 빠지면 안 된다. 결혼과 '결혼주의'는 다르다.

1. 교회 안에서 짝을 찾기 힘든 이유가 무엇이라고 생각하는가? 저자와는 다른 분석이 있을 수 있으니 얼마든지 자유롭게 나누어 보라.

2. 혹시 비신자와 연애하는 중이거나 앞으로 그렇게라도 연애하고 싶은 마음은 없는가? 그 이유가 무엇인지 솔직하게 나누어 보라.

3. 나는 이성을 보는 눈이 높다고 생각하는가? 아니면 평균적이거나 오히려 낮다고 생각하는가? 다른 사람들도 거기에 동의하고 있는가?

4. 현재 연애 중이라면 그(녀)와 내가 어떤 역할을 각각 하고 있는가? 영적 리더십을 누가 가지고 있으며, 앞으로는 어떤 방향으로 나아가고 싶은가?

5. 연애 중인 커플들이 공동체와 선한 영향력을 서로 주고받고 있는가? 아니면 자기들 연애 문제는 절대 간섭하면 안 되는 분위기인가?

6. 혹시 이별을 경험한 적이 있는가? 그때의 마음과 상황이 어떠했는지, 그리고 어떻게 극복했는지 서로 나누어 보라.

제7장

결혼과 결혼생활

첫사랑, 개념 바로잡기

흔히 '첫사랑이 평생 간다'는 말을 자주 합니다. 조금 오래되긴 했지만 〈남자의 첫사랑은 무덤까지 간다〉[58]는 노래도 있습니다. 이 노래 가사에 "사랑의 기준은 언제나 너였어"라는 말까지 나옵니다. 그만큼 남자에게 '첫사랑'의 영향력이 지대하다는 말이겠지요.

이것은 어디까지나 세상의 그들이 말하고 느끼는 첫사랑 개념입니다. 우리는 사랑의 일부 속성을 그들과 공유할 수 있어도, 그들의 사랑 개념을 전적으로 수용할 수는 없습니다. 첫사랑 개념 역시 성경 본문에서 도출해 내야 합니다.

흥미롭게도 '첫사랑'이라는 표현이 요한계시록 2장 4절에 나옵니다. 우리말 성경에는 "처음 사랑"이라고 번역되어 있지만, 헬라어 본문이나 영어 성경으로 읽으면 분명히 "첫사랑"(first love)입니다.

그러나 너를 책망할 것이 있나니 너의 처음 사랑을 버렸느니라 (개역
개정)

Nevertheless I have this against you, that you have left your first
love. (NKJV)

★
58) 남성 밴드그룹 FT 아일랜드가 2007년 6월에 발매한 Cheerful Sensibility에 수록된 곡이다. https://vibe.
naver.com/track/800442 (2020년 6월 7일 검색).

이 말씀은 에베소 교회를 향한 주님의 경고입니다. 그들의 엄청난 수고와 인내와 열심을 주께서 다 알고 계시지만, 정작 그들에게는 주님을 향한 첫사랑이 없는 상태입니다. 주님과의 관계가 끊어졌다는 말이 아니라, 주님을 향해 처음에 가졌던 그 사랑의 마음을 놓치고 있다는 뜻입니다. 그들이 아무리 수고하고 인내하고 열심을 내어도 처음처럼 주님을 사랑하는 마음이 없다면, 그 모든 것들은 사실 주님을 위한 것이 아니라는 말입니다!

또한 이것은 이웃을 향한 사랑까지 잃어버리게 만듭니다. 제4장에서 다루었지만, 성경은 시종일관(始終一貫) 하나님 사랑과 이웃 사랑이 분리될 수 없다고 가르칩니다. 주님을 향한 첫사랑을 잃어버리면 이웃을 향한 사랑도 변질되어 버립니다. 모든 사랑은 하나님과의 관계성에서 흘러나오기 때문입니다.

이 구절에서 또 한 측면의 의미를 묵상할 수 있습니다. 주께서 우리와의 관계를 시작하시고 사랑을 부어 주실 때 그것을 '첫사랑'이라고 표현하신다는 점입니다. 물론 첫사랑의 문맥적 의미는 이미 밝힌 것과 같습니다. 하지만 흔히 사용하는 "예수 나의 첫사랑"이라는 말의 의미를 이 구절에서 추출해 낼 수 있습니다.

어떤 학자가 지적하듯이, 요한계시록 2장 4절의 "첫사랑"은 그들이 회심한 직후에 그들이 처음에 가졌던 사랑이라고 할 수 있습니다. [59] 여

★
59) Grant R. Osborne, *Revelation*, BECNT (Grand Rapids: Baker Academic, 2002), 115.

기에서 저는 '회심한 직후'라는 말에 주목하고 싶습니다. 회심은 성령께서 일으키시는 중생(거듭남)에 대한 우리의 반응으로서, 하나님과의 파기될 수 없는 언약 관계가 시작되었음을 뜻합니다. 쉽게 말해, 그리스도와 우리가 '결혼'한 후에 이것을 우리가 처음 실제적으로 인식하고 반응하는 것입니다. 그래서 이때 가지는 그분과의 사랑을 '첫사랑'이라고 부릅니다.

그렇다면 한번 생각해 보기 바랍니다. 첫사랑은 그분과의 언약에 기초하고 있습니다. 이제 파기될 수 없는 관계를 전제로 우리가 그분을 향해 가지는 "처음 사랑"입니다. 사실 우리 입장에서는 사랑 앞에 '처음'이라는 수식어를 붙이기가 무척 민망합니다. 그분 입장에서는 비록 처음이겠지만 우리 입장에서는 이미 처음이 아닙니다. 그분을 만나기 전에 세상의 공중 권세 잡은 자와 말도 안 되는 '사랑'에 빠져 있었습니다.

그럼에도 우리는 언약에 기초한 사랑이 시작될 때 주님을 향해 '처음 사랑' 또는 '첫사랑'이라고 말해야 합니다. 왜냐하면 성경이 말하는 그분과의 사랑은 파기될 수 없는 언약적 사랑이고, 바로 이 사랑을 주님과 처음으로 가지기 때문입니다. 또한 그 언약적 사랑은 처음 사랑이자 마지막 사랑입니다. 파기될 가능성이 없어 그 대상이 바뀌지 않기 때문입니다.

이제 그리스도와 교회의 관계를 우리에게 대응시켜 적용해야 합니다. 그분과의 신비적 연합을 드러내는 "큰 비밀"이 결혼 제도라고 이미 수차례 언급했습니다. 크리스천 연인들의 첫사랑 개념은 그러한 원리에 맞춰 교정되어야 합니다. 첫사랑의 개념은 한 대상과의 언약, 즉 파기 불가능한 관계를 포함하고 있습니다.

그렇다면 크리스천 연인들의 첫사랑이 누구일까요? 그들이 결혼하게 되는 그(녀)가 첫사랑입니다. 언약적 사랑이 시작되는 순간이 바로 결혼이기 때문입니다. 결혼은 하나님이 둘을 '짝지어 주신' 것으로 결코 파기될 수 없는 언약입니다. 연애와는 근본적으로 다른 이유가 바로 거기에 있습니다. 육체적인 이끌림은 연애 때가 훨씬 더 강렬할지 모르지만, 그런 이끌림과 상관없이 실제적인 연합은 오히려 결혼에 있습니다.

결혼 전 연인들의 '사랑'은 엄밀히 말해서 아직 사랑이 아닙니다. 왜냐하면 결혼하는 순간부터 언약적 사랑이 시작되기 때문입니다. 결혼 전까지 연인들이 누리는 '사랑'은 성적 이끌림이 수반되는 미혼 남녀의 깊은 친밀감입니다. 이 책에서는 통념상의 이유로 연인 사이의 정서적 친밀감을 그냥 '사랑'으로 표현했습니다. 이것을 염두에 두고 앞부분을 다시 살펴보면 더욱 선명하게 내용이 다가올 것입니다.

그래서 저는 자신 있게 말하고 다닙니다. 현재 제 아내가 저의 '첫사랑'이라고 말입니다! 언약적 사랑을 나누는 대상이 그전에는 없었고, 15년 전에 아내와 처음으로 그 사랑을 시작했기 때문입니다. 이런 맥락에서 본다면 그전에 연애했던 몇몇 자매들은 미안한 말이지만 사랑의 대상이 아닙니다. 심지어 결혼 전에 아내와 누렸던 그것도 언약적 사랑이 아닙니다. 하나님께서 한 몸으로 짝지어 주신 결혼하는 그 순간부터 '그 사랑'이 시작되기 때문입니다. 이런 맥락에서 보면, 사랑하기 때문에 결혼하는 것이 아니라 사랑하기 위해서 결혼하는 것입니다. 한눈에 알아보도록 간단한 표로 마무리하겠습니다.

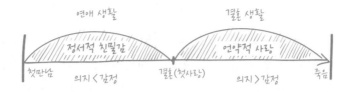

연애 생활

결혼 생활

정서적 친밀감

언약적 사랑

첫만남

의지 < 감정

결혼(첫사랑)

의지 > 감정

죽음

〈정서적 친밀감 vs. 언약적 사랑〉

 언약 결혼의 3가지 원리

결혼은 파기될 수 없는 언약입니다. 결혼의 현실을 말하는 것이 아니라, 하나님이 원래 의도하신 결혼의 속성을 말하는 것입니다. 하나님과의 언약 관계에 기초한 결혼이라는 언약은 "일시적인 것이 아니라 영원한 것"[60]입니다. 실체가 오기 전까지 파기될 수 없다는 의미입니다. 그리스도와 교회의 관계가 부부라는 언약 관계를 통해 증거되도록 당신이 의도하셨기 때문입니다(엡 5:31-32).

언약이라는 이 결혼에는 3가지 원리가 있습니다. 제1장에서 언급한 창세기 2장 24절을 다시 살펴보겠습니다.

이러므로 남자가 부모를 떠나 그의 아내와 합하여 둘이 한 몸을 이룰

★
60) 프레드 로워리, 『결혼은 하나님과 맺은 언약입니다』 임종원 옮김 (서울: 미션월드 라이브러리, 2003), 97.

지로다

이 짧은 한 구절에 언약 결혼의 3가지 원리가 들어 있습니다. 첫 번째는 '떠남'입니다. 남자가 부모를 떠나는 것이 첫 번째 원리입니다. 이것은 여자가 부모를 떠난다는 말을 동시에 내포하고 있습니다. 부모와 같은 집에 살면 안 된다거나 부모와의 관계를 단절하라는 말이 아니고, 그동안 부모와 형성된 정서적 유대감이나 친밀감으로부터 독립하라는 뜻입니다. 쉽게 말하면, 자신의 1순위가 남편이 되고 아내가 되라는 말입니다.

갈수록 신혼부부들이 첫 번째 원리부터 잘 지키지 않는 것 같습니다. 결혼생활을 시작하면 남편과 아내가 가정의 최소 단위로서 '이제 부모와는 별개로 하나님 앞에 서 있다'는 생각을 못하는 것 같습니다. 여전히 정서적으로는 부모에게 종속되어 있습니다.

실제로 상담한 젊은 부부의 사연입니다. 이혼숙려기간 중인 어떤 자매가 어느 날 찾아왔습니다. 결혼한 지 5년이 지나도록 남편이 무슨 일만 생기면 엄마한테 도움을 요청하고, 자신의 철없는 행동을 나무라는 아내를 못마땅하게 생각했습니다. 시어머니는 아들을 일방적으로 싸고 돌면서, 심지어 강제로 이혼시키려고 몰아붙이는 상황입니다. 그것도 교회 권사라는 사람이 말입니다.

여러 가지 문제가 있겠지만, 제가 보기에 남편은 아직 몸만 아내와 같이 살고 있는 것이지, 정서적으로는 부모에게 철저히 매여 있습니다. 철없는 아들을 혼내지 못할망정 엄마라는 사람이 그것을 더욱 부추깁니다. 심리학 용어를 빌리자면, 남편은 엄마와 아직 '정서융합' 상태입니다. 정서가 분리되지 않고 하나로 묶여 있기 때문에, 한쪽에서 일어나는 모든 상황을 자기 일처럼 느끼고 반응합니다. 부모와 자식 간의 사랑이 왜곡되어 나타나는 현상입니다.

결혼이라는 언약은 남편과 아내 사이에만 이루어지는 배타적인 관계입니다. 다른 어떤 대상보다도 배우자를 향한 '배타적인 신실함'이어야 합니다. 부모라도 적절한 조언을 제외하고는 부부의 관계를 마음대로 할 수 없습니다. 그래서 부모는 자기 마음에 들지 않는다고 자식을 이혼시키겠다는 발상을 절대 하면 안 됩니다! 하나님이 '짝지어 주신' 언약을 파기하는 무서운 죄악입니다. 부부 간의 언약은 부모로부터 떠남을 전제로 한다는 점을 부모나 자식이나 늘 기억해야 합니다.

다음으로, 언약 결혼의 두 번째 원리는 '연합'(또는 '결합')입니다. 첫 번째 원리('떠남')의 결과로 따라오는 것입니다. 창세기 2장 24절의 표현으로는 부부가 서로 '합하는 것'입니다. '합하다'에 해당하는 히브리어(다바크)는 두 쇠붙이를 땜질해서 딱 붙여 놓는다는 말입니다.[61] 어떤 외부의 압력에도 서로 떨어질 수 없는 상태가 된 것입니다. 마찬가지로 남편과 아내는 이제 그 어떤 상황이 닥쳐도 서로가 절대 떨어질 수 없다는 사실을 기억해야 합니다. 특히 남편은 어떠한 환경에서도 아내와 떨어지지 않겠다고 비장의 각오를 해야 합니다.

★

61) 레이 오틀런드, 『결혼과 복음의 신비』 황의무 옮김 (서울: 부흥과개혁사, 2017), 36.

이런 원리에 근거하여 부부는 서로 떨어져 살면 안 됩니다. 일시적으로 부득이한 경우를 제외하고는 남편과 아내는 반드시 붙어 있어야 합니다. 부끄러운 고백이지만, 저는 신대원 재학시절에 사역지와 집이 멀리 떨어져 있었습니다. 사역지는 서울이고 집은 대구였기 때문에, 가뜩이나 바쁜 신대원 시절인데 주말에 더더욱 같이 있을 수가 없었습니다.

몇 달에 한번 집에 내려가서 갓 태어난 첫째와 아내를 만났습니다. 사역의 편의상 집을 서울로 옮기지 않았는데 오히려 집이 떨어져 있으니까 결국 사역에도 안 좋은 영향을 미쳤습니다. 심지어 교회 자매들이 한동안 더 친숙하게 느껴지는 '사태'도 있었습니다. 그래서 남자 사역자들은 자신과 교회를 지키기 위해서라도 반드시 아내와 붙어 있어야 합니다. 결혼한 상태라도 언약 결혼의 원리를 무시하고 자기 생각대로 처신하다가 자칫 심각한 죄악에 빠질 수가 있습니다.

마지막으로, 언약 결혼의 세 번째 원리는 '한 몸 됨'입니다. 두 번째 원리('연합')의 필연적 결과입니다. 히브리어 본문을 정확하게 번역하면, 그 둘이 "한 육체"(one flesh)가 된다는 말입니다. 이때 '하나'("한")라는 말은 삼위 하나님이 '하나'라는 말과 같은 단어이고, 또 '육체'라는 말은 이 땅에서의 일시적인 삶을 가리킵니다.[62] 따라서 한 육체가 된다는 것은 이 땅에서 호흡이 다하는 그날까지 서로의 인생이 하나가 되어, 서로의 삶을 완전히 공유한다는 뜻입니다. 다시 말해, 한쪽이 아파하면 다른 한

★
62) 같은 책, 37.

제 7 장 결혼과 결혼생활

쪽이 같이 아프고, 또 한쪽이 기뻐하면 다른 한쪽이 함께 기뻐하는 상태
가 되어야 합니다.

이러한 '한 육체 됨' 또는 '한 몸 됨'을 외적으로 보여 주는 수단이 부
부 간의 성관계입니다. 성관계는 연인이 아닌 '부부가' 서로 한 몸 됨을
오감으로 생생히 인식하도록 만드는 하나님의 선물입니다. 그래서 언
약 결혼의 세 번째 원리('한 몸 됨')는 부부의 '성관계'까지 포함합니다. 특
히 이것은 두 번째 원리인 부부의 연합(결합)을 온몸으로 표현하는 행위
입니다. 왜곡된 성욕의 표출이 아니라면 하나님 보시기에 굉장히 아름
다운 모습니다.

언약 결혼의 이 3가지 원리는 이제 궁극적 실체를 드러내야 합니다.
그리스도와 교회의 관계로 환언(換言)하여 생각해 봅시다. 우리는 세상
을 '떠나서' 그리스도와 '연합'하여 그분 및 그분의 신자들과 '한 몸'이 되
었습니다. 첫 번째 원리대로, 우리는 세상과의 영적 결별('떠남')을 경험
한 존재들입니다. 바울의 언어로 표현하면, "그리스도로 말미암아 세상
이 나를 대하여 십자가에 못 박히고 내가 또한 세상을 대하여" 그러합니
다(갈 6:14). 세상의 지배력으로부터 우리는 완전히 '떠난' 상태입니다. 이
것이 우리의 언약적 신분입니다.

두 번째 원리대로, 우리는 그리스도와 '연합'한 상태입니다. 세상과
의 결별에서 오는 필연적 결과입니다. "사망이나 생명이나 천사들이나
권세자들이나 …… 다른 어떤 피조물이라도 우리를 우리 주 그리스도
예수 안에 있는 하나님의 사랑에서 끊을 수" 없습니다(롬 8:38-39). 끊어
질 수 없는 관계가 영원히 지속된다는 뜻입니다. 이 연합을 시작하신 분

께서 영원토록 그것을 보증하십니다. 심지어 우리를 자신의 것으로 인치시고 그 보증으로 우리 마음에 성령을 주셨습니다(고후 1:22).

마지막 세 번째 원리대로, 우리는 그리스도와 '한 몸 됨'을 이루었습니다. 끊어질 수 없는 연합의 결과입니다. 신랑 되신 그리스도께서 당신의 신부인 우리(교회)를 가장 깊고 은밀한 방식으로 사랑하고 계십니다. "신랑이 신부를 기뻐함 같이 네 하나님이 너를 기뻐하시리라"(사 62:5)는 이사야의 증언과 일치합니다. 우리는 그분의 적극적이고 완전한 사랑 가운데 그분 자신과 또 그분의 성도들과 한 몸을 이루고 있습니다.

과연 우리는 언약 결혼의 영적인 차원을 실제로 누리고 있나요? 이 것을 점검하는 방법은 의외로 간단합니다. 하나님 사랑과 배우자 사랑이 분리될 수 없다는 그 원리를 떠올리기 바랍니다. 만일 내가 부모를 '떠나지 않거나' 이전 연인과의 정서적 관계를 청산하지 않은 상태이면, 배우자에게만이 아니라 하나님께도 똑같이 신실하지 못한 상태입니다. 제4장에서 논증한 '사랑의 수렴성'과 '죄의 수렴성'을 떠올려 보기 바랍니다. 즉, 배우자를 향한 사랑이나 범죄는 곧 하나님을 향한 사랑이나 범죄로 귀결된다는 그 원리를 말입니다.

첫 번째 원리의 필연적 결과인 '연합'과 '한 몸 됨'도 마찬가지입니다. 그리스도와의 연합과 한 몸 됨의 실체는 영원불변하지만, 그것을 일상 가운데 누리는 차원은 또 다른 문제입니다. 이것 역시 배우자와의 관계를 통해 점검할 수 있습니다. 즉, 특별한 경우가 아닌데 배우자와 정서적·성적 친밀감을 누리지 못하면, 거의 필연적으로 주님과의 영적 친밀 감을 누리지 못하는 상태입니다. 왜냐하면 그리스도와 교회(우리)의 관계가 남편과 아내의 관계를 통해 드러나기 때문입니다. 한시라도 이 둘의 관계를 따로 떼어 생각하지 말아야 합니다.

저도 사실 부끄럽기 짝이 없습니다. 아내와의 관계가 틀어져 있는데도 주님을 사랑하는 마음만은 변함이 없다고 그동안 자주 착각했습니다. 특별한 경우가 아니라면, 내가 배우자를 사랑하고 있는 그 상태가 곧 하나님을 사랑하는 현재 상태입니다. 참으로 섬뜩하지 않습니까? 우리의 결혼이 그리스도와 교회의 신비적 연합을 드러내려고 당신께서 그런 식으로 의도하셨는데(하나님 사랑 = 배우자 사랑), 저를 포함해서 수많은 기혼자들이 그런 원리를 얼마나 인식하며 결혼생활을 하고 있습니까?

 ## 결혼의 근거는 하나님께 있다!

저는 아직 젊은 목사이지만 신랑 신부의 결혼식을 실제로 주례한 적이 있습니다. 결혼식 현장에서 주례한 설교문을 이 책의 부록에 덧붙여 놓았습니다. 결혼식은 주례자뿐만 아니라 참석한 하객들에게도 아름다움과 큰 감동을 안겨줍니다. 하객으로 참석할 때는 별로 실감하지 못했는데, 주례자로 신랑 신부와 하객들 앞에 서 보니까 당신의 '신부'를 향한 하나님의 마음을 생생하게 느낄 수 있었습니다.

화려한 조명을 배경으로 신부의 아버지가 신부의 손을 잡고 입장하는 그 모습을 보면, 인류 최초의 결혼식이 반사적으로 떠오릅니다. 하나님이 아담의 갈빗대로 여자를 만드신 후에 그녀를 아담에게로 이끌어

오시는 그 장면과 절묘하게 오버랩(overlap)이 됩니다. 그리고 신부의 아버지이자 '주례자'로서 여호와 하나님은 그 둘을 부부로 짝지어 주십니다. 이에 아담은 언약 결혼의 기쁨으로 충만하여 인류 최초의 '축가'를 부르기 시작합니다. "아담이 이르되 이는 내 뼈 중의 뼈요 살 중의 살이라 이것을 남자에게서 취하였은즉 여자라 부르리라 하니라"(창 2:23). 그러고 나서 곧 이어지는 구절이 결혼 제도를 말하는 창세기 2장 24절입니다. "이러므로 남자가 부모를 떠나 그의 아내와 합하여 둘이 한 몸을 이룰지로다."

보다시피 인류 최초의 결혼식은 하나님이 직접 주례하시고 그 둘을 직접 짝지어 주셨습니다. 따라서 그 둘의 언약 결혼의 근거는 하나님 자신에게 있습니다. '언약 결혼의 근거가 하나님 자신'이라는 이 원리는 그 후로도 변함이 없습니다. 언약이라는 영원한 속성이 하나님께 속한 것이기 때문입니다.

우리는 신랑과 신부가 결혼했다는 근거를 어디에 두고 있는지 살펴야 합니다. 갈수록 주례자를 세우지 않으려는 오늘날 결혼문화를 무분별하게 수용해서는 안 됩니다. 세상의 그들은 그렇다 치더라도, 언약 결혼의 근거를 하나님께 두는 우리는 합법적인 주례자를 반드시 세워야 합니다. 왜냐하면 인류 최초의 '주례자'를 대신하여 신랑 신부를 하나로 짝지어 주는 역할을 하기 때문입니다.

신랑과 신부의 결혼이 이루어지는 순간은 주례자의 성혼(成婚) 공포(또는 선포)에 있습니다. 즉, 성부와 성자와 성령의 이름으로 신랑과 신부가 이제 부부가 되었음을 하객들과 교회 앞에서 공적으로 알리는 그 순간부터 결혼이 성립됩니다. 왜냐하면 인류 최초의 결혼식 때처럼 언약 결혼의 근거가 삼위 하나님 자신에게 있기 때문입니다. 이름은 곧 존재를 가리키므로, 삼위 하나님의 이름으로 성혼을 공포하는 것은 '하나님의 존재를 걸고' 그 결혼을 언약으로 확정하는 것입니다. 따라서 삼위 하나님이 나눠지지 않는 이상 언약 결혼이 파기될 수 없습니다.

이와 관련하여 교회 현장에서 현실적인 문제가 발생하기도 합니다. 신랑 또는 신부의 집안이 주님을 믿지 않아 주례자를 세우고 싶지 않다거나, 아니면 목회자가 아닌 일반인으로 주례를 세우는 경우입니다. 신랑 신부가 좀 더 확고한 태도로 양가 부모를 설득하면 가장 좋겠지만, 현실적으로 그럴 수 없는 경우가 있습니다.

이런 경우에는 어떻게 하는 것이 좋을까요? 제가 담당하는 청년부서에 실제로 그런 사례가 있었습니다. 신랑 측 집안에서 완고한 태도로 교회 예식으로는 절대 결혼식을 치를 수 없다는 것이었습니다. 그래서 우리 교역자들이 축가를 준비해서 한 주 전에 신랑 신부와 신부 측 부모를 모시고 담임목사님의 주례 하에 '미니 결혼식'을 치렀습니다. 크리스천 신랑 신부의 언약 결혼은 삼위 하나님의 이름에 근거를 두기 때문에, 그 어떠한 경우에도 그분의 이름으로 이루어지는 성혼 공포를 포기할 수 없었습니다.

세상 사람들은 우리의 이런 태도를 이해하지 못합니다. 삼위 하나님을 믿지 않기 때문에 그들의 비난에 너무 민감하게 반응할 필요가 없습니다. 세상은 결혼의 최종 근거를 혼인신고에 두고 있습니다. 물론 결혼식 중에 하객들 앞에서 서약을 하지만, 그들의 의식 속에는 그 서약이 최종적인 근거로 작용하지 않습니다. 우리도 사회법을 존중하는 의미에서, 또 그들과 결혼의 법적 근거를 공유하기 위해 혼인신고를 반드시 해야 합니다.

그럴지라도 우리는 제대로 알아야 합니다. 크리스천 신랑 신부의 결혼은 삼위 하나님의 이름으로 이루어지는 성혼 공포에 기초한다는 사실을 말입니다. 굳이 부연하자면, 혼인신고는 그것을 인쳐 주는 외적 표식입니다. 이것은 우리의 믿음을 인쳐 주는 표인 세례에 비유할 수 있습니다. 즉, 그리스도와의 영적 결혼(연합)을 공적으로 인쳐 주는 것이 세례이듯이, 신랑 신부의 결혼을 대사회적으로 확증해 주는 것이 혼인신고입니다.

언약, 사랑의 의무를 일으키는 힘!

갈수록 기혼자들이 '의무'라는 말을 싫어하는 것 같습니다. 의무에 매여 사는 걸 마치 속박으로 느끼며 심지어 자유(?)를 갈망하기도 합니다. 이것은 의무라는 말을 오해해서 그렇습니다. 속박으로서의 의무가 아니라 언약에 기초한 '사랑의 의무'입니다. 쉽게 말하면, 언약을 맺은 배우자를 사랑하는 마음에서 나오는 의무입니다.

하지만 배우자를 사랑하는 마음이 더 이상 없다면 어떻게 될까요? 사랑의 두 요소, 즉 의지와 감정 자체가 이미 내 안에서 소멸된 상태라면 어떻게 해야겠습니까? 그러면 사랑의 의무가 아니라 속박의 의무로 변질된 채로 하루하루를 버텨야 합니까?

부부의 사랑은 결혼이라는 언약에 기초하고 있습니다. 파기될 수 없는 언약의 성격 때문에 부부의 사랑은 변함이 없어야 합니다. 단지 사랑의 '감정'을 두고 하는 말이 아닙니다. 사랑하려는 '의지'조차 변할 때가 자주 있습니다. 언약적 사랑의 속성은 불변하지만, 현실에서 부부의 사랑은 무척 가변적입니다. 몸만 한 집에 있을 뿐이지 이미 사랑하는 마음이 없는 경우도 있습니다. 저의 어린 시절에 부모님이 그렇게 살다가 결국 이혼하고 말았습니다.

그래서 부부 간의 사랑이 결혼생활을 지탱하는 것이 아닙니다. 오히려 결혼이라는 언약이 부부의 사랑을 지탱하고 있습니다. 언약은 사랑을 지키는 울타리입니다. 배우자를 사랑하는 마음이 없어도 그 언약 때문에 서로에게 의무를 다해야 합니다. 언약을 파기하지 않는 한 그렇게 해야 합니다.

그렇기 때문에 사랑하는 마음이 소멸된 것을 계속 방치하지 말아야 합니다. 배우자를 사랑하는 힘을 내 안에서 계속 찾으려고 하면 더 이상 불가능한 시점이 오게 됩니다. 그래서 주님으로부터 그 힘이 공급되어야 합니다. 배우자를 사랑하는 것과 주님을 사랑하는 것이 분리될 수 없기 때문에, 만약 그런 지경까지 갔다면 사실은 주님을 향한 사랑도 거의 소멸되어 있는 상태입니다.

이럴 때는 어떻게 해야 합니까? 우리를 향해 변함없는 사랑을 부어주시는 그분의 은혜를 구해야 합니다. 그분을 향한 나의 사랑은 변해도 나를 향한 그분의 사랑이 영원토록 변하지 않는다는 사실을 떠올려야 합니다. 우리는 부부 간의 언약도 종종 파기해 버리는 죄인이지만,[63] 우리의 '신랑'이신 그분은 우리와 맺은 언약을 절대 파기하지 않으시고 '바로 그 언약에 기초하여' 영원한 사랑을 부어 주고 계심을 믿어야 합니다.

결혼이 그리스도와 교회의 관계를 증거하는 방편이지만, 그것조차 하나님의 은혜로 가능함을 늘 인식하고 살아야 합니다. 크리스천 부부는 자신들의 사랑이 영원할 것이라는 환상에서 벗어나, 자신들을 향해 변함없는 사랑의 언약을 지키시는 하나님을 계속 의지해야 합니다. 부부 사랑의 원천을 위로부터 오는 그분의 은혜에 두라는 뜻입니다.

부끄러운 고백이지만, 저도 아내를 사랑하는 마음이 가변적임을 자주 느낍니다. 분명히 결혼식 당일 혼인서약 시간에, "신랑 권율 군은 신부 손미애 양을 아내로 맞아 오늘부터 한평생 길이 사랑하며, 기쁠 때나 슬플 때나, 강건하거나 병들거나, 부유하거나 가난하게 되는 모든 경우에도 존중히 여기며 도와주고, 부부의 신의와 순결을 굳게 지키기로 하나님 앞과 여러 증인들 앞에서 서약"을 했습니다. 처음에는 이 서약을 떠올리며 사력을 다해 지켰는데, 시간이 지나면서 그 서약에 신실하지 못하는 모습이 보였습니다. 아내의 입장보다는 내 기분과 감정이 먼저 존중 받아야 하고, 자녀를 키우는 방식에도 내 생각을 은근히 고집하는 죄성이 자주 나타났습니다.

★
63) 이혼 문제는 이 책의 성격을 벗어나는 것 같아서 구체적으로 다루지 않았다. 성도의 이혼과 재혼 문제는 저자의 신앙고백을 대변하는 웨스트민스터 신앙고백서, 제24장 "결혼과 이혼"을 참고하기 바란다. 김학모 편역, 『개혁주의 신앙고백』, 508.

이런 상태에서도 하나님을 향한 저의 사랑만큼은 변함이 없다고 '믿고' 있었습니다. 성령께서 저의 그런 착각을 폭로하시기 전까지 '아내와 무관한 하나님 사랑'이 가능한 줄 알았습니다. 바로 이 지점에서 그리스도와 교회의 신비적 연합을 증거하는 일에 실패하고 있었습니다. 그리스도께서 교회를 사랑하시는 그 방식이 결혼생활을 통해 증거되기 바라시는데, 정작 저는 아내를 그분과 같은 방식으로 사랑하지 않고 있었습니다. 결혼의 언약이 사랑의 의무를 강화시켜야 하는데, 파기 불가능한 그 언약을 빌미로 오히려 소홀히 하고 있었습니다. 이것은 언약에 대한 모독이고, 더 나아가 결혼의 언약을 제정하신 하나님께 대한 모독입니다.

저도 별수 없는 죄인임을 깨달았고 하나님의 은혜와 긍휼을 의지할 수밖에 없었습니다. 반복해서 말씀드리지만, 제가 '연애 신학'과 '결혼 신학'에 충실해서 이런 책을 쓰는 것이 절대 아닙니다! 이 책의 내용은 저의 실패한 연애담과 결혼생활로 가득 차 있습니다. 그것들을 바탕으로 깨달은 바를 주의 은혜에 의지하여 독자들과 공유하는 것입니다. 그렇기 때문에 이 책의 내용은 체험적인 성격이 강합니다.

여하튼 언약은 사랑의 의무를 일으키는 힘입니다! 부부 간의 사랑이 거의 소멸되어도 그것을 지켜 주는 울타리이며, 또 제 경우처럼 배우자를 향한 사랑의 의무를 다시 일으키는 힘이기도 합니다. 이러한 언약은 성령 안에서 그리스도와 교회의 언약 관계에 기초하고 있고, 또한 그것은 하나님으로부터 비롯되었습니다. 따라서 결혼생활과 신앙생활의 모든 것은 삼위 하나님으로부터 시작되었습니다.

우리는 언약에 신실하신 하나님의 마음을 궁극적으로 깨달아야 합니다. "내 언약을 깨뜨리지 아니하고 내 입술에서 낸 것은 변하지 아니하리로다"(시 89:34)라고 하신 그 말씀을 남편과 아내가 결혼생활 가운데 구현해 내야 합니다. 배우자에게 매인다는 생각으로 의무를 행하는 것이 아니라, 언약에 기초하여 그(녀)를 '사랑하기 때문에' 기꺼이 의무를 다하는 것입니다.

 ## 자녀 출산과 양육

예전에 대학시절 친구에게 뜬금없는 질문을 받았습니다. 아내가 몸이 약해서 출산할 때도 힘들어 했는데, 아기를 키우는 것은 더 힘들어 한다면서 제게 던지는 질문이었습니다.

율아, 다른 동물들은 새끼 낳으면 몇 개월이나 몇 년 지나면 다 크는데, 왜 사람은 그렇게 오래 걸리지? 네가 기도해서 하나님께 좀 알아봐 주라!

당시 저도 어린 첫째가 있어서 그런 생각을 안 해 본 건 아니었습니다. 친구의 질문을 받고 한동안 기도하다가 번뜩 깨달아지는 바가 있었습니다. 그래서 친구한테 다시 연락했습니다.

네 말 듣고 기도해 봤는데, 아마 하나님의 마음을 우리에게 더욱 알게 하시려고 그렇게 만드신 것 같아. 그러니까 하나님이 그리스도 안에서 한 영혼을 입양하셔서, 그가 당신 앞에 온전히 설 때까지 얼마나 많은 수고와 인내를 하시는지 부모 된 우리가 알기를 바라시는 것 같아.

친구와의 대화는 10년이 지나도록 기억 속에 남아 있었습니다. 이처럼 하나님은 우리가 결혼생활을 통해 또 다른 측면의 당신의 마음을 깨닫기 원하십니다. 흔히 말하듯이 자녀를 출산하는 것은 '창조 명령'이고, 자녀를 양육하는 것은 '구속 명령'에 해당합니다. 창조와 구속은 삼위 하나님께서 우리를 위해 행하신 공동 사역입니다. 하나님의 형상으로 지음 받은 우리가 특히 결혼생활을 통해 하나님의 사역을 대신 수행하는 것입니다. 또한 삼위께서 각각 독립적으로 일하시지 않았듯이, 그분의 형상을 지닌 남편과 아내도 공동으로 창조 명령(출산)과 구속 명령(양육)을 감당해야 합니다.

부부에게 창조 명령인 출산은 하나님 나라와 교회의 근간을 이루는 '사역'입니다. 말라기 선지자는 이스라엘 백성에게 언약에 신실할 것을 촉구하면서, 결혼생활을 통해 "경건한 자손을 얻고자 하심이라"는 하나님의 마음을 알려 주었습니다(말 2:15). 하나님을 믿는 경건한 자손은 하나님 나라와 교회를 이루는 구성원들입니다. 이것은 일차적으로 신자들이 서로 결혼하여 언약 백성을 많이 출산하는 일로 시작됩니다.

물론 현실적인 문제가 많다는 것을 알고 있습니다. 신혼부부들이 마음 놓고 출산하기에는 갈수록 사회 구조가 어려워지고 있습니다. 크리스천 부부가 하나님의 창조 명령을 수행하기 힘든 상황입니다. 하나님을 모르는 세상의 특성상 어찌 보면 '당연한' 현상일지도 모르겠습니다.

그래서 출산에 있어서도 신앙적인 결단이 필요합니다. 하나님 나라와 그분의 비전 성취라는 맥락에서 출산을 바라볼 수 있어야 합니다. 하나님 나라는 주께서 친히 이루어 가시지만, 그 일을 이루시는 방편으로 출산을 또한 사용하십니다. 세상 사람들이 회심하여 하나님 나라에 들어오도록 이끄시지만, 일차적으로 하나님은 성도들의 출산을 통해 "경건한 자손을 얻고자" 하십니다. 따라서 현실적인 어려움 때문에 창조 명령을 저버리지 말고, 각자 믿음의 분량에 따라 자녀 출산에 힘을 쏟으시기 바랍니다.

또한 이 창조 명령(출산)은 구속 명령(양육)으로 이어집니다. 마치 타락한 세상을 하나님이 그리스도 안에서 성령의 능력으로 구속하시는 것과 같습니다. 크리스천 부모는 언약의 복에 기초해서 자녀가 하나님을 체험적으로 알도록 양육해야 합니다. 하나님에 대한 지식이 아니라 '하나님을 아는' 지식을 소유하도록 이끌어야 한다는 뜻입니다.

저는 자녀 양육을 통해 세상을 구속하시려는 하나님의 마음을 자주 깨닫습니다. 자녀들이 마치 하나님 앞에 서 있는 제 모습처럼 보이기 때문입니다. 저희 집에는 아들이 3명 있습니다. 사실 자녀 양육은 아내가 대부분 감당하고 있습니다. 그래서 자녀 양육에 대해 저는 떳떳하게 말할 자격이 없습니다. 이 책의 내용이 그렇다는 것을 자주 말씀드립니다. 그럼에도 주의 긍휼히 여기심에 힘입어 독자들에게 계속 권면합니다.

자녀 양육이 구속 명령인 이유는 복음에 기초한 '하나님을 아는 지식'을 자녀들에게 전수해야 하기 때문입니다. 세상에 나가서 비신자들에게 복음을 외치고 회심시키는 것만 구속 명령으로 생각해서는 안 됩니다. 이 일도 참으로 중요하고 또 신약 본문에는 이 일이 훨씬 부각되어 있지만, 신구약 전체를 보면 언약 자손을 양육하는 일이 굉장히 중요합니다.

출산(창조 명령)으로만 하나님 나라와 교회를 세워 나갈 수 없습니다. 세상에 죄가 들어오지 않았다면 그 일이 가능하겠지만, 하나님을 대적하는 세상의 속성상 반드시 양육(구속 명령)을 통해 죄를 죽이는 방식으로 그 일을 이루어 가야 합니다. 따라서 그리스도의 십자가와 부활의 능력이 자녀들의 일상을 사로잡게 만들어야 합니다.

마지막으로, 부모 된 우리는 자녀 출산과 양육 또한 그리스도와 교회의 관계를 드러내는 방편임을 기억해야 합니다. 그리스도께서 교회를 사랑하시고 교회는 그분의 사랑에 감격하여 자신처럼 또 다른 회심자를 낳듯이, 결혼한 부부 역시 서로를 사랑하는 가운데 자신들처럼 믿음의 자녀를 출산(창조 명령)하고 양육(구속 명령)하는 것입니다. 앞 장에서 언급했듯이, 외부로 넘쳐흐르는 사랑의 속성 때문에 그렇습니다. 마치 삼위 하나님의 사랑이 넘쳐흘러 창조와 구속 사역이 이루어진 것과 동일한 이치입니다.

1. 흔히 말하는 '첫사랑'이 평생 간다고 생각하는가? 만일 그렇게 생각한다면, 그(녀)와의 무슨 기억이나 분위기가 자신을 그렇게 붙들고 있는가?

2. 언약 결혼의 3가지 원리를 다시 한 번 자신의 언어로 설명해 보라.

3. 연애 중인 그(녀)와 만일 결혼을 생각한다면, 결혼식을 어떻게 준비하고 싶은지 구체적으로 나누어 보라.

4. 결혼생활 중에 배우자를 사랑하는 마음이 잘 생기지 않을 때, 자신의 그러한 상태를 어떻게 극복하고 싶은가?

5. 앞으로 그(녀)와 결혼한다면, 출산과 양육을 어떤 관점에서 대하고 싶은가? 특히 아이를 몇 명 계획하고 어떤 방식으로 키우고 싶은가?

제8장

나가는 말

연애관의 회심을 꿈꾸며

어느덧 마지막 장으로 접어들었습니다. 이제 이 책의 핵심을 총 정리하려고 합니다. 알다시피 제7장을 제외하면 모두 크리스천 '연애'와 관련된 것입니다. 물론 연애의 속성과 비교하기 위해 결혼에 관한 부분을 전체적으로 자주 언급했습니다. 확신하건대 연애와 결혼은 하나님 나라의 일상과 맞닿아 있습니다. 장차 완성될 그 나라를 지향하는 동시에 현재 임한 그 나라의 일부라는 뜻입니다.

그래서 일반적인 연애와 결혼 서적과는 사뭇 다르게 접근했습니다. 결혼에 대해서는 성경에 나오기 때문에 비슷한 책이 많지만, 연애에 관해서는 이 책이 좀 독특하게 보일지도 모르겠습니다. 또 강조하지만 교회 청년들의 근원적인 욕구는 하나님 나라와 그분의 비전에 맞춰져야 합니다! 이런 확신 때문에 성경과 교리에 근거하여 '연애 신학'을 펼쳐냈습니다. 가장 양보하기 싫어하는 연애 문제를 하나님의 주권에 굴복시키도록 청년들이 훈련해야 합니다. 부디 이 책이 그런 일에 활용되기를 바랍니다.

목사로서 저는 연애관의 근본적인 회심을 꿈꾸고 있습니다. 어설픈 연애 경험과 지금도 배우는 결혼생활을 통해 이 시대의 크리스천 연인들에게 강력히 도전하고 싶습니다. 청년 시절에 세상과 구별되는 가장 큰 영역이 '크리스천 연애'임을 기억하기 바랍니다. 어차피 결혼할 사람이라서 세상의 방식대로 연애하겠다는 생각을 정면으로 거부할 수 있기바랍니다! 그리스도 안에서 그(녀)와의 아름다운 연애야말로 하나님이 정말 기뻐하시는 청년 시절의 '예배'임을 마음에 새기기 바랍니다.

 ## 연애 vs. 결혼

이제 마지막으로, 이 책에서 말하는 연애와 결혼의 차이점을 네 문장으로 정리하고 마치겠습니다. 혹시 동의 안 되는 부분이 있더라도 최대한 긍정적으로 수용해 보기 바랍니다.

1. 연애는 사랑의 감정적인 측면에 '이끌리는' 미성숙한 단계이며, 결혼은 사랑의 의지적인 측면에 '헌신하는' 보다 성숙한 단계이다.

2. 연애는 결혼을 위해 서로의 사명을 확인하고 조율하는 과정이며, 결혼은 하나님의 비전을 위해 서로를 열렬히 사랑하는 인생 여정이다.

3. 연애는 사랑을 준비하고 훈련하는 과정이며, 결혼은 언약적 사랑을 추구하고 실현하는 최고의 훈련장이다.

4. 연애는 결혼의 부분적인 그림자이며, 결혼은 그리스도와의 신비적 연합에 대한 '완전한' 그림자이다.

1. 연애와 결혼이 하나님 나라와 직결되어 있다고 이제 확신하게 되었는
   가?

2. 나의 근원적인 욕구와 관련된 연애 문제를 하나님의 주권에 이제 내어
   드리고 싶은가?

3. 연애와 결혼의 차이점을 서로 나누면서, 특히 연애 중인 커플은 하나님
   앞에서 둘 만의 연애관을 정리해 보라.

부록

결혼예식 설교

"이 비밀이 크도다!"

사랑하는 하객 여러분, 오늘 우리는 혼인서약을 앞두고 있는 신랑 신부와 함께 있습니다. 이제 곧 두 사람은 하나님 앞에서, 그리고 여러 하객이 보는 앞에서 정식으로 부부가 됩니다. 지금 이 순간은 이 두 사람에게 있어 가장 감격스러운 기억으로 남을 것입니다. 자그마치 35년 이상 서로 다른 인생을 살다가 하나님의 섭리 가운데 서로를 만나 이제 곧 한 몸을 이루기 때문입니다.

저는 목사로서 하나님이 제정하신 결혼 제도가 얼마나 거룩하고 소중한 것인지, 이 자리에 계신 여러분과 잠시 나누고 싶습니다. 성도의 결혼은 언약적 사랑이 시작되는 엄숙한 순간입니다. 우리는 세상과는 달리 하나님의 창조 질서에 따라 한 남자와 한 여자의 결혼을 소중하게 여깁니다. 예수님을 믿는 형제자매의 결혼은 단순히 한 사람과 한 사람이 만나 인생을 함께한다는 의미가 아닙니다. 오늘 설교 제목에서 보듯이, 성도의 결혼에는 큰 비밀이 숨겨져 있습니다.

여러분이 알다시피 하나님은 아담을 만드셔서 에덴 동산을 경작하고 지키게 하셨습니다(창 2:15). 그리고 나서 하나님은 이렇게 말씀하셨습니다. "사람이 혼자 사는 것이 좋지 아니하니, 내가 그를 위하여 돕는 배필을 지으리라"(2:18). 사람이 혼자 사는 것이 안 좋다는 말은 단지 혼자라서 외롭다는 의미가 아닙니다. 하나님이 아담에게 부여하신 사명을 혼자 감당하는 것이 좋지 않다는 의미입니다. 그래서 하나님은 아담에게 "돕는 배필"로 하와를 선물로 주신 것입니다.

하나님은 아담을 깊이 잠들게 하시고 여자를 만드신 후에 그녀를 아담에게로 이끌어 오셨습니다(2:22). 이것이 인류 최초의 결혼식입니다. 마치 신부의 아버지가 자기 딸을 신랑에게로 이끌어 가는 모습과 똑같습니다. 최초의 결혼식에서 하나님은 '양가'의 부모가 되시고 동시에 주례자가 되셔서 아담과 하와의 결혼식을 친히 주례하신 것입니다.

지금 우리의 상황이 바로 그때의 모습을 재현하고 있습니다. 물론 목사로서 제가 주례를 하지만, 지금 신랑 신부의 진짜 주례자는 여호와 하나님이십니다. 결혼은 하나님 앞에서 체결되는 일종의 '언약'입니다. 여호와께서 이 언약 결혼의 증인이 되셔서 신랑 신부를 짝지어 주시는 것입니다. 하나님이 짝지어 주셨기 때문에 그 어떤 사람도 신랑 신부를 이제 나눌 수 없습니다(막 10:9). 이 사실에 대해 저와 여러분이 하객이자 증인으로 이 자리에 있는 것입니다.

본문 31절을 보니까 언약 결혼의 3가지 원리가 들어 있습니다. 첫 번째 원리는, 사람이 부모를 떠나는 것입니다. 신랑 신부는 이제 양가의 부모를 떠나게 됩니다. 이 말은 정서적으로, 관계적으로, 사회적으로 독립을 한다는 뜻입니다. 이제까지는 부모의 권위 아래에 순종하며 부모의 보호를 받았다면, 이제부터는 신랑 신부가 스스로 자신들의 인생을 개척해야 한다는 뜻입니다. 특별히 신랑이 부모를 떠나 이제부터는 신부를 최고 우선순위에 두어야 한다는 의미입니다.

두 번째 원리는, 두 사람이 서로 합하는 것입니다. '합하다'에 해당하는 원어(다바크, 창 2:24)는 두 쇠붙이를 땜질해서 딱 붙여 놓는다는 말입니다(사 41:7). 어떤 외부의 압력에도 서로 떨어질 수 없는 상태가 된 것입니다. 마찬가지로 신랑 신부 역시 그 어떤 상황이 닥쳐도 서로가 절대 떨어질 수 없다는 사실을 기억해야 합니다. 특히 신랑이 어떠한 환경에서도 신부와 떨어지지 않겠다고 비장의 각오를 해야 합니다.

마지막 세 번째 원리는, 두 사람이 한 육체가 되는 것입니다. 이때 '하나'(한)라는 말은 삼위 하나님이 '하나'라는 말과 같은 단어이고, 또 '육체'라는 말은 이 땅에서의 일시적인 삶을 가리킵니다. 따라서 한 육체가 되는 것은 이 땅에서 호흡이 다하는 그날까지 서로의 인생이 하나가 되어, 서로의 삶을 완전히 공유한다는 뜻입니다. 다시 말해, 한쪽이 아파하면 다른 한쪽이 같이 아프고, 또 한쪽이 기뻐하면 다른 한쪽이 함께 기뻐하는 상태가 되어야 합니다.

이 3가지가 언약 결혼에 담긴 소중한 원리입니다. 그런데 우리 성도의 결혼은 이것으로 끝나지 않습니다. 다 같이 32절을 보기 바랍니다. 사도 바울은 결혼 제도(31절, 창 2:24)를 가리켜 "이 비밀이 크도다!"라고 말합니다. 무슨 이유로 "이 비밀"이 크다고 말씀하겠습니까? 곧이어 나오듯이, 성도의 결혼은 "그리스도와 교회에 대하여" 말하는 것이기 때문입니다.

다시 말해, 오늘 신랑 신부의 결혼은 단순히 한 형제와 한 자매의 결혼이 아니라, 궁극적으로 그리스도와 교회의 관계를 나타내는 것입니다. 즉, 그리스도께서 교회를 사랑하시듯이 신랑이 신부를 사랑하고, 또 교회가 그리스도를 섬기듯이 신부가 신랑을 섬긴다는 뜻입니다.

예수 그리스도께서 교회인 우리를 어떻게 사랑하셨습니까? 당신의 목숨을 십자가에 버리기까지 사랑하셨습니다. 이런 수준으로 오늘부터 신랑이 신부를 계속 사랑할 수 있기를 바랍니다! 신랑이 신부를 십자가의 사랑으로 정말 사랑한다면, 아마 신부는 자발적으로 신랑을 섬기게 될 것입니다. 신랑이 자기 목숨을 버리기까지 사랑한다는데, 꿈쩍도 하지 않을 신부는 세상에 없을 것입니다.

혹시나 이런 권면이 너무 부담스럽습니까? 그러면 한 단계만 낮춰서 33절 말씀으로 권면해 보겠습니다. 죄송하지만 하객 여러분도 다 같이 읽어 보겠습니다. "그러나 너희도 각각 자기의 아내 사랑하기를 자신 같이 하고, 아내도 자기 남편을 존경하라." 신랑은 적어도 자신을 사랑하는 것만큼 신부를 사랑할 수 있으면 됩니다. 신부도 신랑을 존경하는 마음을 가지고 있으면 됩니다. 이 권면은 신랑 신부뿐만 아니라 이 자리에 있는 모든 하객들을 향한 것이기도 합니다.

저도 세 아들을 둔 남편이지만 때로는 나 자신을 사랑하는 것만큼도 아내를 사랑하지 못할 때가 있습니다. 그때마다 제 자신이 얼마나 한심스러운지 모릅니다. 물론 아내도 저를 존경하지 않을 때가 있는데, 그때마다 아내를 원망하기도 하지만 오히려 자발적인 존경을 이끌어 내지 못하는 저를 더욱 자책합니다. 이처럼 제대로 된 남편의 역할이 얼마나 힘든지 결혼해 보면 경험적으로 알게 됩니다.

여하튼 오늘 우리는 신랑 신부의 결혼을 축하하고 이들의 앞날을 축복하는 자리에 와 있습니다. 우리 모두는 그리스도 안에서 한 가족이기 때문에, 이 둘의 결혼식이 끝나고도 하나님 나라와 교회를 위해 계속 협력해야 합니다. 하나님께서 이 두 사람에게 부여하신 거룩한 사명을, 오늘부터 시작되는 결혼생활을 통해 잘 이루어갈 수 있도록 다 같이 기도해 주시기 바랍니다.

마지막으로, 저는 주례자로서 신랑 신부에게 또 한 번 권면의 말씀을 드립니다. 이제 주님 안에서 믿음의 가정을 아름답게 이루어 가며, 어떠한 상황에서도 서로를 변함없이 사랑할 수 있기를 간절히 축복합니다. 아멘.

2019년 3월 30일(토)

주례자 권율 목사

■ 성경

『성경전서 개역개정판』 서울: 대한성서공회, 2005.

『성경전서 새번역』 서울: 대한성서공회, 2001.

Biblia Hebraica Stuttgartensia. With Werkgroep Informatica, Vrije Universiteit Morphology; Bible. O.T. Hebrew. Werkgroep Informatica, Vrije Universiteit. Logos Bible Software, 2006.

Novum Testamentum Graece. Edited by Barbara Aland, Kurt Aland, Johannes Karvidopoulos, Carlo M. Martini, and Bruce M. Metzger, 28th ed. Stuttgart: Deutsche Bibelgesellschaft, 2012.

The Holy Bible. English Standard Version. Wheaton: Crossway Bibles, 2016.

The Holy Bible. New King James Version. Nashville: Thomas Nelson, 1982.

The New American Standard Bible. 1995 Update. La Habra, CA: The Lockman Foundation, 1995.

■ 국내서

가스펠서브 편. 『성경 문화배경 사전』 서울: 생명의말씀사, 2017.

가톨릭대학교 고전라틴어연구소. 『라틴-한글 사전』 서울: 가톨릭대학교출판부, 2004.

권율. 『올인원 십계명』 서울: 세움북스, 2019.

＿＿＿. 『올인원 주기도문』 서울: 세움북스, 2018.

권혁빈. 『사랑에 이르는 신학』 서울: 두란노, 2018.

김세윤. 『칭의와 성화』 서울: 두란노, 2013.

김정우. 『시편 주석 Ⅱ』 서울: 총신대학교출판부, 2005.

백금산 편. 『조나단 에드워즈처럼 살 수는 없을까?(개정판)』 서울: 부흥과개혁사, 2003.

송웅달. 『900일간의 폭풍 사랑』 서울: 김영사, 2007.

유해무. 『개혁교의학』 고양: 크리스챤다이제스트, 1997.

이애경. 『기다리다 죽겠어요』 서울: 터치북스, 2012.

이재욱. 『나의 선택과 하나님의 뜻』 서울: 좋은씨앗, 2019.

정옥분. 『발달심리학(개정판)』 서울: 학지사, 2014.

최유수. 『사랑의 목격』 서울: 허밍버드, 2020.

■ 번역서

김학모 편역. 『개혁주의 신앙고백』 서울: 부흥과개혁사, 2015.

로워리, 프레드. 『결혼은 하나님과 맺은 언약입니다』 임종원 옮김. 서울: 미션월드 라이브러리, 2003.

루이스, 고든, 브루스 데머리스트. 『통합신학: 인간론·기독론』 김귀탁 옮김. 서울: 부흥과개혁사, 2010.

루이스, C. S. 『네 가지 사랑』 이종태 옮김. 서울: 홍성사, 2019.

리고니어 미니스트리. 『개혁주의 스터디 바이블』 김진운, 김찬영, 김태형, 신윤수, 윤석인 옮김. 서울:
　　　부흥과개혁사, 2017.
부이치치, 닉, 카나에 부이치치. 『닉 부이치치 부부의 한계를 껴안는 결혼』 정성묵 옮김. 서울: 두란노, 2017.
사이몬 후미. 『연애론』 이소영 옮김. 고양: 봄고양이, 2016.
생텍쥐페리, 앙투안 드. 『인간의 대지』 허희정 옮김. 서울: 펭귄클래식코리아, 2015.
아우구스티누스, 아우렐리우스. 『고백록』 성염 옮김. 파주: 경세원, 2016.
　　　　　　　　. 『삼위일체론』 김종흡 옮김. 고양: 크리스챤다이제스트, 1993.
엘리엇, 엘리자베스. 『열정과 순결』 양은순 옮김. 서울: 예향, 2001.
오틀런드, 레이. 『결혼과 복음의 신비』 황의무 옮김. 서울: 부흥과개혁사, 2017.
웨스트민스터 총회. 『원문을 그대로 번역한 웨스트민스터 소교리문답(영한대조)』 권율 옮김. 서울: 세움북스,
　　　2018.
크로스웨이 ESV 스터디 바이블 편찬팀. 『ESV 스터디 바이블』 신지철, 김귀탁, 이용중, 정옥배, 윤석인 옮김.
　　　서울: 부흥과개혁사, 2014.
파이퍼, 존. 『결혼 신학』 이은이 옮김. 서울: 부흥과개혁사, 2010.
　　　. 『존 파이퍼가 결혼을 앞둔 당신에게』 박상은 옮김. 서울: 생명의말씀사, 2019.
프롬, 에리히. 『사랑의 기술(세계명저 영한대역 5)』 장재형 옮김. 서울: 조은문화사, 1998.

▓ 국외서
Bauer, Walter. *A Greek-English Lexicon of the New Testament and Other Early Christian Literature*. Revised
　　　and edited by Frederick William Danker. 3rd. ed. Chicago: The University of Chicago Press, 2000.
Nolland, John. *The Gospel of Matthew: A Commentary on the Greek Text*. The New International Greek
　　　Testament Commentary. Grand Rapids: William B. Eerdmans Publishing Company, 2005.
Osborne, Grant R. *Revelation*. Baker Exegetical Commentary on the New Testament. Grand Rapids:
　　　Baker Academic, 2002.

▓ 웹 자료
국립국어원. "비전". 『국립국어원 표준국어대사전』 https://stdict.korean.go.kr/search/searchResult.do?page
　　　Size=10&searchKeyword=비전 (2020년 3월 9일 검색).
김선철. "사설·칼럼: [외래어] 스킨십". 『한겨레』 2009년 5월 5일. http://www.hani.co.kr/arti/opinion/
　　　column/353340.html.
네이버. "남자의 첫사랑은 무덤까지 간다". 『네이버 바이브』 https://vibe.naver.com/track/800442 (2020년 6월
　　　7일 검색).
시사상식사전. "그루밍 성범죄". 『네이버 지식백과』 https://terms.naver.com/entry.nhn?cid=43667&docId=51
　　　45821&categoryId=43667 (2020년 6월 6일 검색).
신상목. "[역경의 열매] 김영길〈5〉: 사진으로만 본 신붓감과 1년 편지교제 끝 결혼". 『국민일보 미션라이프』
　　　2016년 6월 16일. http://news.kmib.co.kr/article/view.asp?arcid=0923566809&code=23111513&cp=nv.
유원정. "'힐링캠프' 닉 부이치치, 아내와 러브 스토리도 '뭉클'". 『CBS노컷뉴스』 2013년 6월 18일. https://
　　　www.nocutnews.co.kr/news/1052676.